Wie schön war's doch zur Weihnachtszeit!
Erinnerungen & Geschichten aus Kindertagen

Wie schön war's doch zur Weihnachtszeit!

Erinnerungen & Geschichten aus Kindertagen

benno

Bibliografische Information der Deutschen Nationalbibliothek
Die Deutsche Nationalbibliothek verzeichnet diese Publikation
in der Deutschen Nationalbibliografie; detaillierte bibliografische Daten
sind im Internet über http://dnb.d-nb.de abrufbar.

Besuchen Sie uns im Internet unter:
www.st-benno.de

Gern informieren wir Sie unverbindlich und aktuell
auch in unserem Newsletter zum Verlagsprogramm,
zu Neuerscheinungen und Aktionen.
Einfach anmelden unter www.vivat.de.

ISBN 978-3-7462-6617-6

© St. Benno Verlag GmbH, Leipzig
Zusammenstellung: Fabian Lehmann, Berlin
                   Volker Bauch, Gößnitz
Umschlaggestaltung: Grit Fiedler Visulabor GbR, Berlin/Leipzig
Umschlagabbildung: © ClassicStock/akg-images/H. Armstrong Roberts
Gesamtherstellung: Kontext, Dresden (A)

INHALT

Joachim Ringelnatz

KINDHEITSERINNERUNGEN

Der Weihnachtsbescherung gingen besondere intime, überlieferte oder eingeführte Gebräuche, Scherzchen und Sentimentalitäten voraus, und ebensolche familiär geheiligte Bräuche folgten. Es liegt mir fern, mich darüber lustig zu machen. Ich will nur hier auf das in allen Variationen so oft geschilderte Thema nicht weiter eingehen. Weihnachten war auch uns Kindern in jedem Jahr das Fest der Seligkeit, der Herzlichkeit, der Anhänglichkeit, des Reichtums, des Glücks.

Und zu Silvester kriegten wir Pfannkuchen, durften Punsch trinken und um Mitternacht leicht angeheitert am offenen Fenster lauschen. Draußen, drunten läuteten die Glocken, rief man „Prost Neujahr", knallte Feuerwerk. Auch wir durften einmal mutig, als wär's was, aus dem Fenster brüllen: „Prost Neujahr!"

Zu Weihnachten erhielt Ottilie von Onkel Martin entzückende, weiße, prachtvoll bestickte Seide für ein Kleid. Ich warf ein glühendes Streichholz auf den Stoff und hinderte meine Schwester gewaltsam, das zu entfernen. Auf ihr Gezeter sprangen Mutter und Bruder hinzu. Sie entdeckten, dass mein Streichholz ein angekohltes, aber längst ausgekohltes Zündholz war. An der Stelle, wo Verkohlt und Unverbrannt sich trafen, hatte ich einen schmalen roten Stanniolstreifen um das Hölzchen gewunden. Der wirkte in der Kerzenbeleuchtung wie Glut. Ich freute mich meiner kleinen Erfindung.

„Streichholz groß, Streichholz klein,
Armes Streichholz, ganz allein."
(Alter Spielreim)

Siegfried Ketschker

EINE BEGEGNUNG IM ERZGEBIRGE

November 1952, Urlaub im weltberühmten Spielzeugdorf Seiffen in der Adventszeit. Aus Böhmen zogen graue Schneewolken über die Berge, es war ein Tag, an dem man in der Nussknackerbaude lieber in die Nähe des warmen Kachelofens rückte. Doch ich wollte heute einmal eine Familie kennenlernen, die sich ganz der Seiffener Volkskunst widmet. Das Haus der Füchtners stand am Dorfrand in Richtung böhmischer Grenze, die nur drei Kilometer entfernt war. Ich wurde freudig begrüßt und war sofort in einer großen Weihnachtsstube. „Bei uns ist sozusagen das ganze Jahr Weihnachten, denn wenn kurz vor Weihnachten die letzten Lichterbergmänner oder Engel verkauft sind oder der letzte Nussknacker in Richtung Amerika auf die Reise gegangen ist, wird nach den Weihnachts- und Neujahrstagen schon die Produktion für das kommende Jahr begonnen." Vater Füchtner stand an der Drechselbank und formte die groben Holzklötze zu Nussknackern. Und die

Füchtnerfamilie, die um einen großen Tisch saß, verwandelte die roh geformten Holzkörper in Nussknacker. Am beliebtesten ist er in der Gestalt eines Königs. So gaben die Schnitzer schon seit alten Zeiten dem König die Nüsse zum Knacken. Jeder am Tisch hatte seine Aufgabe. Der eine malte den roten Rock, der andere die schwarze Kappe, und schließlich erhielt er aus weißem Fell noch einen Bart. Lichterbergmann und Lichterengel wanderten aus Seiffen in die weite Welt, seitdem die Drehbank ihre Herstellung in größerem Umfange ermöglichte und sich Seiffen vom Bergflecken zum Spielwarendorf entwickelte.

Räuchermänner kamen dazu, und alle vertrauten Gesellen des Gebirgsdorfes sind unter ihnen vertreten, vom Förster und Holzfäller bis zum Briefträger und Essenkehrer. Fremd scheinen der Türke und Slowake zu sein. Bestimmt erfuhr man vom Türken durch die Weihnachtsgeschichte, oder er fand mit dem türkischen Tabak den Weg in das Erzgebirge. Das Vorbild für den Slowaken war wiederum der slowakische Handelsmann, der noch am Anfang unseres Jahrhunderts in den Dörfern des Erzgebirges von Haus zu Haus zog und den Hausfrauen den nötigen Hausrat brachte. Er verstand auch die Kunst des Topfeinstrickens und wurde deshalb auch Rastelbinder genannt. Beim Zuschauen verging die Zeit wie im Fluge, und man hätte noch lange den Füchtners lauschen können, die mit ihren geschickten Händen das Werk ihrer Vorfahren fortsetzten. Zum Schluss bat ich Herrn Füchtner, mir doch einen Lichterbergmann zu verkaufen.

„Aber nicht weitersagen, sonst kann ich mich vor Käufern nicht retten, denn ich stehe bei der Vertriebsgenossenschaft noch in der Kreide ...“ Glücklich zog ich mit dem Lichterbergmann wieder hinauf zur Bergbaude, denn nun verwandelte der Schnee, der in großen weißen Flocken vom Himmel fiel, das Dorf, in dem es so viele Spielzeugmacherfamilien gab, in eine Weihnachtslandschaft.

Und immer wenn Weihnachten ist, wird der Lichterbergmann hervorgeholt und die zwei Kerzen angezündet, und so bringt er den Weihnachtszauber des Erzgebirges in unsere Stube. Wenn wir auf dem Weihnachtsmarkt oder in Kaufhäusern dem Nussknacker, dem Räuchermännchen oder den Lichterbergmännern begegnen, dann denken wir an die vielen fleißigen Hände in Seiffen, für die das ganze Jahr Weihnachten ist.

Anna Katharina Hahn

RITUALE IM ADVENT

Irgendwann spürten wir unsere Beine nicht mehr, konnten keinen Schritt mehr gehen und erst recht keine Einkaufstüten halten, hatten es satt, Teil der durch die überheizten Kaufhäuser und Geschäfte schiebenden Massen zu sein. Meine Freundin und ich waren ziemlich chaotische Studentinnen. Für die Weihnachtsbesorgungen planten wir stets einen Nachmittag kurz vor Heiligabend ein, an dem wir durch Hamburg rasten und unsere Listen abarbeiteten. Wenn wir zwischendurch eine Pause nötig hatten, gönnten wir uns eine Rast auf dem Weihnachtsmarkt.

Mit Geschenkpaketen zwischen den Füßen erschöpft in der Dunkelheit vor der St.-Petri-Kirche zu stehen, erleichtert aufzuseufzen, die prachtvollen Lichterbögen über der Mönckebergstraße zu betrachten und sich am duftenden Glühwein die Zunge zu verbrennen, gehörte für mich zur Vorfreude auf das Fest wie für andere die Kerzen am Adventskranz. Wir waren beschwipst, froh, alle

Lieben mit Überraschungen versorgt zu haben, und sahen dem Weihnachtsmahl im Elternhaus begeistert entgegen. Alles wartete auf uns, wenn wir nach langen Monaten in der Fremde wieder nach Hause zurückkehrten.

Inzwischen hat sich diese Tradition gewandelt und neuen Ritualen Platz gemacht, die sich alljährlich zuverlässig wiederholen. Heute bin ich es, die die Eltern zum Festessen einlädt. Den Christbaum schmücken wir gemeinsam. Über den Stuttgarter Weihnachtsmarkt bummele ich mit meinen Kindern und bin dabei stocknüchtern. Nur das Geschenkebesorgen in letzter Minute konnte ich mir noch nicht ganz abgewöhnen. Dabei wäre es mit ein bisschen guter Planung möglich, hier viel Zeit und Nerven zu sparen.

Die geretteten Stunden könnte ich damit verbringen, mich vor eine Kerze zu setzen und zu lesen. Lesen, um zu vergessen, was mich ängstigt und verunsichert – das ist im Augenblick eine ganze Menge. Aber schließlich besitze ich noch immer die dunkelblaue Tasse vom Hamburger Glühweinstand. Dazu hole ich ein paar Bücher hervor, die nur in der Adventszeit ihren ganzen Zauber entfalten können. Es muss kalt und dunkel vor dem Fenster sein. Und vielleicht ist noch etwas Früchte- oder Hutzelbrot da, passend zu Eduard Mörikes schrägem Märchen „Das Stuttgarter Hutzelmännlein".

Hans Christian Andersens Kunstmärchen folgen ebenso wie die von Theodor Storm, und auch die Brüder Grimm dürfen nicht fehlen. O. Henrys Erzählung „Das Geschenk der Weisen" passt in diese magische Welt, denn schöner als in dieser Geschichte wurden selten Geschenke gemacht. Zum Schluss lege ich noch ein abgegriffenes Lesebuch für das zweite Schuljahr, erschienen 1972, auf den Stapel und lausche innerlich der Stimme der Großmutter nach, die nach alter Lehrerinnenart überdeutlich und langsam die Nikolauslegende vorliest.

Christine Lieberknecht

WEIMARER KIRCHENWÜSTE

W eimarer Kirchenwüste", das klingt in christlich geprägten Ohren alles andere als freundlich. Diese Bezeichnung hat sich durch einige Generationen gehalten, weil sie die liebenswerten Menschen in diesem Gebiet abseits der großen Heerstraßen zwischen Weimar und dem Vorharz ganz gut charakterisiert. Hier scheinen sich die Füchse Gute Nacht sagen zu wollen, hier ist in den Augen eines Durchreisenden nicht viel los.

Die Bezeichnung „Weimarer Kirchenwüste" stammt meines Wissens aus der Zeit, als Johann Wolfgang Goethe Minister am Weimarer Hofe war. Weimar war damals in den Augen der Welt ein Provinznest, dessen etwa 8000 Einwohner den Charakter einer Residenzstadt in aller Bescheidenheit genossen.

Aber: Das Weimarer Land ist meine Heimat. Dort bin ich aufgewachsen, in Jena habe ich Theologie studiert und bin dann zurückgegangen und Pastorin geworden. Dort lebe ich, auch in meinem politischen Amt, mit meinem Mann noch heute. Ich liebe dieses unauffällige Land und fühle mich hier wohl. Es ist ein fruchtbares Land mit weiten Feldern. Man stellt dort seinen christlichen Glauben, falls man ihn hat, nicht zur Schau und man blinzelt unauffällig auf dem linken Auge, wenn es um Glaubensdinge geht. Christlicher Glaube gehört für die Leute im Weimarer Land einfach zum täglichen Leben, von dem man nicht viel Aufhebens macht. Man ist in der Regel weder arm noch reich. Man ist im Wesentlichen zufrieden. Man führt, wie der Apostel Paulus im 1. Brief an seinen Mitarbeiter Timotheus schrieb, „ein stilles und geruhsames Leben".

Auch in der Weimarer Kirchenwüste wird Weihnachten gefeiert. In Leutenthal bei Weimar, wo mein Vater eine Pfarrstelle hatte, begann die Weihnachtszeit, wie im 19. Jahrhundert, schon mit der Straßensammlung nach dem Buß- und Bettag, also an der Schwelle vom alten zum neuen Kirchenjahr. Wir Kinder zogen, begleitet von unserem Vater, mit der Sammelbüchse von Haus zu Haus und wurden mehr oder weniger freundlich eingelassen. Das war nichts Außerordentliches, denn in unserem Dorfe fühlte sich beinahe jeder auch bei einer anderen Familie zu Hause. Die Adventszeit war voller Geheimnisse. Wir hockten häufig auf der Haustreppe und beobachteten kichernd die älteren Leute, die zu den Gemeindenachmittagen kamen.

Wir hörten immer wieder die alten Advents- und Weihnachtslieder singen. Wir lauschten den fernen Orgelklängen und den vertrauten Liedern: „Macht hoch die Tür" und „Es kommt ein Schiff geladen". So lernten wir immer wieder neue Texte und Melodien. Unvergesslich.

Täglich öffneten wir ein Fensterchen am Adventskalender und übten für unsere Auftritte am Heiligen Abend. Wir bastelten Weihnachtsgeschenke für Familienmitglieder und alte Leute in der Nachbarschaft, die keine Angehörigen mehr hatten. Es wurde gehäkelt, gestickt und gestrickt. Wir dichteten wild drauflos und fanden die Vorweihnachtszeit wunderbar.

Allerdings bestand diese Zeit bei Weitem nicht nur aus purer Nächstenliebe. So begeisterten wir Kinder uns an der martialischen Gestalt des Hannibal, der in den Punischen Kriegen Angst und Schrecken verbreitete. Auf dem selbst gebastelten Spielfeld zu kämpfen, das war ein großer Spaß, bei dem wir unsere pazifistische Grundeinstellung „vergaßen". Das Größte aber war Vaters nachgebautes Monopoly mit Schlossstraße, Gefängnis und Spielgeld.

Wenn unsere Oma Käthi aus Weimar kam, tauchten wir sie sofort in unsere Spielwelten ein. Wahrscheinlich war die Christmette für sie nicht nur eine Stunde der Andacht, sondern auch eine zeitweilige Befreiung von der quirligen Kinderschar. Sie trug, wenn sie zur Christmette ging, eine Wolldecke über dem Arm. Diese Tradition habe ich übernommen, bis heute.

Am 1. Advent steckten wir den roten Herrnhuter Stern zusammen, den meine Mutter an der Decke des Hausflures befestigte. Von Tag zu Tag wurde es feierlicher. Mit banger Neugier versuchten wir Kinder, die Geräusche in der „guten Stube" einem Geschenk zuzuordnen. „Wehe, es guckt jemand durch das Schlüsselloch", warnte uns mein Vater und setzte eine strenge Miene auf. Natürlich klinkte ich als Älteste und Mutigste wenigstens zweimal am Tage an der verschlossenen Tür zum Weihnachtszimmer, leider vergebens. Abends konnte ich vor gespannter Erwartung kaum einschlafen.

Mein Vater leitete am Weihnachtsabend stets in mindestens drei Kirchen den Gottesdienst, ehe er zu uns in die Kirche nach Leutenthal kam und der Gemeinde etwas vom himmlischen Glanz erlebbar machte.

Schließlich gingen wir durch die Winternacht vorbei an unserem Pfarrhaus, einem schlichten Klinkerbau, den wir mit unserer elementaren Fröhlichkeit belebten. Andächtig standen wir vor dem großen, prächtig geschmückten Weihnachtsbaum. Oma Käthi hatte ihn mit silbernen Lamettafäden geschmückt, die sie akkurat über die Fichtennadelzweige hängte. Von den Ästen baumelten glitzernde Glaskugeln und leckere Zuckerfiguren. Meine Mutter mahnte uns, sie wenigstens noch einen Tag zu schonen.

Am Heiligabend gab es regelmäßig Kartoffelsalat mit Wiener Würstchen, Senf und einem Stängel Petersilie. Damit durften wir uns den Bauch vollschlagen. Aber wie so oft, waren die Augen größer als der Magen. Es grummelte in den Kinderbäuchen.

Heute geht es etwas opulenter zu. Befreit von ernsten Pflichten, brate ich eine Weihnachtsgans und bereite den Kaninchenbraten vor. Meinen Hang zum Perfektionismus, der sich sonst am Schreibtisch austobt, verlagere ich in die Küche. Als die Großfamilie noch nicht in alle Himmelsrichtungen verstreut war, kochte ich stets nach eigener Fantasie Sechs- oder Sieben-Gänge-Menüs.

Nun aber ist es ruhiger geworden.

Meine Tochter, die sich in Arnstadt angesiedelt hat, zelebriert das Fest am Heiligen Abend mit Tanz unter dem Weihnachtsbaum. Geschenke gibt es erst am Weihnachtsmorgen. Die Enkel schenken mir ihre neuesten Gemälde, meine Tochter überreicht mir ein reich bebildertes Tagebuch, das die Streiche, Kümmernisse und die Entwicklung der Kinder festhält.

Ich träume dann zurück in die sechziger und siebziger Jahre, als meine Tante Annemarie aus der

Nähe von Flensburg Parfüm und Marzipan schickte und mein Patenonkel wunderschöne Lammfellhandschuhe dazulegte, die ich heute noch trage, wenn es kalt ist.

Neulich fand ich eine Weihnachtspredigt, die ich im Jahr 1989 hielt.

„Mitten in einer Welt, in der seit jeher nur der Stärkere zählt, da erscheint ein Engel und sagt: Fürchtet euch nicht! Euch ist heute der Heiland geboren!"

Überwältigt vom Aufbruch der Menschen in die Freiheit und in eine hoffnungsvolle Zeit, wurde die Gemeinde ganz still, als ich ihr sagte: „Unseren Kindern haben wir mehr zu bieten als Gabentische, auf denen verlockende Produkte zum Konsumieren liegen."

Was hilft uns die Befriedigung fragwürdiger Bedürfnisse, wenn die Seele auf der Strecke bleibt? Müssen wir nicht Obacht geben, dass wir die Aufmerksamkeit unserer Kinder auf das Einfache lenken, auf das, was uns tagtäglich voranbringt: eigene Arbeit, Mut zu Kreativität und Fantasie, die Lust gemeinsam zu singen, zu spielen und Geschichten zu lesen? Vor allen noch so nötigen materiellen Wohltaten soll uns der Friede Gottes und der Friede unter den Menschen wichtig sein:

Harmonie in der Familie wollen wir erbitten, eine Harmonie, wie sie uns das Geschehen im Stall zu Bethlehem ans Herz legt.

Undine Stiwich

ERINNERUNGEN AN WEIHNACHTEN

Das Findelkind

Die Vorweihnachtszeit ist für mich eine Zeit zum Nachdenken und Erinnern. Wie oft sehe ich vor meinem inneren Auge vergangene Weihnachtstage. Ich sehe alle lieben Verstorbenen vor mir. Ich sehe meine Mutter und Großmutter, Onkel und Tanten, die mit mir Weihnachten gefeiert hatten. Wir waren am Heiligen Abend immer eine große Familie. Doch im Jahr 1955 feierten wir einmal nicht bei uns, wie sonst üblich, sondern bei meinem Onkel, dem Bruder meiner Mutter. Von der Mauerstraße, wo wir wohnten, bis hinaus aus Lüchow durch die Tarmitzer Straße war es weit. Gut eingemummelt machten wir uns auf den Weg. Als wir gerade die Stadt hinter uns gelassen hatten, mein Onkel wohnte im letzten Wohnblock in der Tarmitzer Straße am Rande von Lüchow, fiel mein Blick auf einen Karton, der neben der Straße lag. Neugierig, wie ich war, ging ich auf ihn zu und sah, dass dieser hin- und herwackelte. Ich öffnete den Deckel und traute meinen Augen nicht. Zuerst erblickte ich nur wuschelige weiße Ohren, doch dann sahen mich zwei schwarze Augen an. Dieser hilfesuchende Blick verzauberte mich und ehe ich mich versah, sprang dieses kleine Etwas aus der Kiste auf meinen Schoß. Ein kleiner junger Hund mit weißem Fell leckte mir die Hände ab. Es schien mir wie eine Begrüßung.

War es ein „Dankeschön", dass ich ihn aus seinem Gefängnis befreit hatte? Welcher Mensch kann so etwas getan haben, ein so kleines Wesen in einem Karton auszusetzen, nein, einfach wegzuwerfen und zu entsorgen wie Müll? Dem Kleinen war so kalt, ich nahm meinen Schal und kuschelte ihn darin ein. Meine Mutter war entsetzt, wohin mit ihm am Heiligen Abend, denn wir durften in unserer Wohnung kein Tier halten. So nahmen wir mein Findelkind mit in die Wohnung von meinem Onkel. Nach einer Begrüßung drückte ich ihm das in den Schal gewickelte Hundekind in den Arm. Mein Onkel war sehr tierlieb. Er schaute in die Augen des Kleinen und somit hatte das Hündlein sofort ein Zuhause gefunden.

Wir tauften ihn, es war ein Rüde, auf den Namen „Teddy". Er wurde der Liebling der ganzen Familie. Er war schlau und lernte sehr schnell. Man konnte denken, dass er jedes Wort, was wir sagten, verstand. So lernte er auch den Briefträger zu spielen. Meine Tante befestigte einen Zettel mit einer Nachricht für meinen Onkel am Halsband des Hundes und sagte: „Lauf, Teddy, der Brief ist für Herrchen." Sofort lief Teddy durch die ganze Stadt bis hin zum Marktplatz, wo mein Onkel ein Lehrinstitut hatte. Der Hundebriefträger setzte sich vor das Fenster und bellte, bis er hineingelassen wurde, damit die Nachricht sein Herrchen erreichte. Teddy wurde ein treuer Begleiter meines Onkels für viele Jahre. Ich habe immer noch das Bild vor Augen, wenn mein Onkel mit seinem Motorrad unterwegs war, saß der kleine Hund zwischen seinen Beinen auf dem Tank und seine Ohren flatterten im Fahrtwind.

Teddy zeigte seine Freude jedes Mal. Wenn er mich traf, sprang er übermütig um mich herum und leckte mir die Hände, als ob er nicht vergessen hätte, wer ihn gerettet hatte.

Die Schlittenfahrt

Zu Weihnachten wünschte ich mir einen Schlitten, einen großen Schlitten. Ich hatte zwar vor Jahren einen bekommen, doch der war mir jetzt einfach zu klein. Vor Weihnachten kam der erste

Schnee. Ich betete, dass es nicht wieder wärmer wurde, sonst wäre die schöne Pracht dahin. Doch es blieb kalt. Einen Tag vor Weihnachten schneite es den ganzen Tag und der Schnee blieb liegen. Wir Kinder bauten den ersten Schneemann und passten auf, dass die größeren Jungen ihn nicht zerstörten. So manche Schneeballschlacht fand statt. Am Heiligen Abend war ich schon ganz aufgeregt. Ich konnte einfach nicht abwarten, ob mein Wunsch, einen großen Schlitten zu bekommen, erfüllt wurde. Nach dem Weihnachtsessen war es endlich so weit. Ich konnte ins Wohnzimmer und da stand er, der Schlitten. Am liebsten wäre ich sofort nach draußen gegangen, um den Schlitten auszuprobieren.

„Morgen ist es besser", sagte meine Mutter. „Morgen kann dein Bruder mit dir zum Amtsgarten fahren, dann kannst du einen kleinen Berg herunterrodeln." Als wir am nächsten Morgen am Amtsgarten auftauchten, war schon richtig was los. Ich sah, wie die größeren Kinder mit dem Schlitten die große Kuhle (die es heute nicht mehr gibt) herunterjagten. Mein Bruder sah mich an und konnte meine Gedanken lesen. „Da fährst du auf keinen Fall runter", sagte er mit erhobenen Finger. So musste ich brav die kleinen Hügel nehmen. Es machte keinen Spaß, denn ich fühlte mich doch schon sehr groß. Direkt vor dem Amtsturm ging es auch etwas steil hinab. Mein Bruder setzte sich hinter mich auf den Schlitten, nahm mich nach vorne in den Arm und ab ging die Partie nach unten. Das war schon viel besser, doch ich wäre gerne allein gefahren. Er erlaubte es nicht, er hatte Angst, dass ich nicht früh genug bremsen konnte. Fast alle Kinder waren allein, nur ich hatte einen Aufpasser. Ich fand es sehr peinlich, denn auch Elke, die genauso alt wie ich war, hatte keine Begleitung. Wir winkten uns zu und schon sauste sie den großen Abhang mit ihrem Schlitten nach unten. Neidisch schaute ich ihr nach.

„Für heute genug", sagte mein Bruder und brav folgte ich ihm nach Hause. Am nächsten Tag bettelte ich, doch allein zum Amtsgarten gehen zu dürfen, denn alle meine Freunde und Freundinnen waren allein unterwegs. Nur mit Widerwillen erlaubte meine Mutter es und mahnte: „Keine großen Hügel, versprich es mir, sonst fährst du nicht allein." Natürlich versprach ich es ihr mit großem Ehrenwort. Ganz stolz zog ich meinen Schlitten bis zum Amtsgarten. Dort war schon viel Betrieb. Ich begrüßte Elke und Inge, die auch wieder da waren. Waldemar winkte mir zu und Manfred probierte gerade auch seinen neuen Schlitten aus. Ich sah, wie er mit Schwung die große Bahn hinabsauste. Ich konnte nicht widerstehen und stellte mich in der Reihe auf, um in die große Kuhle zu fahren.

Als ich an der Reihe war, achtete ich nicht darauf, dass ein Junge von der Seite die Abfahrt fuhr. Auf halber Strecke rammte er mich mit dem Schlitten. Wir stießen zusammen, ich konnte mich auf dem Schlitten nicht halten und flog über einen großen Stein durch die Luft und knallte auf dem Boden auf. Ganz benommen versuchte ich die Augen zu öffnen und blinzelnd sah ich vor mir eine weiße Gestalt, die winkte und mir zu verstehen gab, dass ich aufstehen sollte. Ich riss die Augen auf: doch die schemenhafte Figur war verschwunden. Neben mir kniete eine Frau, die mich besorgt ansah. „Kannst du mich sehen, kannst du aufstehen?" Noch ganz benommen nickte ich und versuchte meine Füße zum Aufstehen zu bewegen, doch irgendwie klappte es nicht. Etwas Warmes lief über mein Gesicht. Die Frau nahm ein Taschentuch und wischte mir übers Gesicht. Ich sah, dass das Tuch sich rot färbte. Blut lief über mein Gesicht. Heutzutage hätte man nun einen Krankenwagen mit dem Telefon gerufen, doch zu der Zeit gab es noch keine Handys. Sie nahm mich auf den Arm und lief mit mir, den Amtsgarten hinter sich lassend, in die Burgstraße. Dort klingelte sie an einer Tür. Ein Mann öffnete und nahm mich in Empfang. Er legte mich auf eine Liege und versorgte meine blutende Wunde am Kopf. „Ist dir übel, hast du Kopfschmerzen?", fragte er. Ich schüttelte den Kopf, doch so ganz wohl war mir nicht. Plötzlich stand meine Mutter da, nahm mich in den Arm und sagte besorgt: „Gott sei Dank ist dir nicht mehr passiert." Später erfuhr ich, dass der Arzt Dr. Wesche hieß und in der Burgstraße seine Praxis hatte. Als ich wieder zu Hause auf meinem Bett lag, war ich froh. Meine Mutter schimpfte gar nicht, sagte nur, ich hätte eine Gehirnerschütterung und müsste eine Woche im Bett liegen. Vorbei war es mit Schlittenfahren, denn nach einer Woche war auch der Schnee verschwunden. Es war wieder wärmer geworden, Eis und Schnee schmolzen und der Amtsgarten war wieder verlassen.

Eine Weihnachtsbaumgeschichte

Eine befreundete Familie aus dem Wendland lud uns zu einem Vorweihnachtsfest am 23. Dezember ein. Als wir gemütlich bei Schnittchen und Glühwein beisammen saßen, sprach unser Freund uns an. „Wundert ihr euch nicht, dass wir keinen Weihnachtsbaum stehen haben? Normalerweise hätten wir ihn heute schon geschmückt. Ich werde euch zeigen, warum wir keinen Baum im Wohnzimmer haben. Wenn es klappt, besorge ich noch eine kleine künstliche Tanne, damit auch hier etwas Weihnachtsstimmung aufkommt."

„So, nun zieht euch warm an, wir werden jetzt in den Wald gehen", mit diesen Worten zog er sich seinen Parka an, nahm vom Tisch einen Karton und klemmte sich diesen unter den Arm. Mantel und Mütze, Schal und Handschuhe hielten uns warm. Unser Freund führte uns in den nahe gelegenen Wald. Nach einigen Metern blieb er stehen. Umringt von einigen Tannen, stand ein Baum, der durch seinen geraden Wuchs sofort ins Auge fiel, der ideale Weihnachtsbaum. Nun erzählte er, warum er diesen wunderbaren Baum nicht fällen konnte. Gestern stand er vor ihm, die Axt in der Hand und wollte gerade zuschlagen, als er der Meinung war, die Tanne spräche zu ihm. Die Zweige bewegten sich ohne Wind und seine Ohren nahmen ein seltsames Geräusch wahr. Es hörte sich an, als wenn ein Hilfeschrei aus dem Rauschen käme. Er legte die Axt beiseite und überlegte, was er nun tun wollte. Auf dem Weg nach Hause beschloss er, in diesem Jahr wird keine Tanne aus dem Wald das Wohnzimmer schmücken. Er schloss mit den Worten: „Darum sind wir alle hier. Ich habe die Idee, diesen perfekten Baum zu Weihnachten mit eurer Hilfe zu schmücken." Er nahm den Karton, öffnete ihn und ich sah, dass darin Kugeln, Glöckchen und eine Lichterkette zum Vorschein kamen. Jeder von uns nahm etwas aus dem Karton und hängte einen Teil des Weihnachtsschmuckes in den Baum. Zum

Schluss befestigte unser Freund die Solar-Lichterkette an den Zweigen, die Lämpchen verströmten zugleich ein warmes Licht. Wir wurden ganz still und sahen auf die Tanne. Die Zweige bewegten sich sacht, als wenn ein kleiner Luftzug den Baum berührte. Und wir vernahmen ein Rauschen. Sicher war etwas Wind aufgekommen und bewegte die Tanne. Als wir nun den Heimweg antraten, hing jeder von uns seinen Gedanken nach. Wir bedankten uns bei unserem Gastgeber und fuhren nach Hause. Im Wohnzimmer stand schon unser geschmückter Tannenbaum. Wir hatten ihn nicht geschlagen, wir bekamen ihn immer von unserem Weihnachtsbaumhändler. Meine Gedanken gingen noch einmal zu dem Erlebnis mit unserem Freund zurück. Hatte ich die Bewegung der Zweige und das Rauschen mir nur eingebildet? Sicher hatten wir den Wind in den Zweigen nicht wahrgenommen, der über die Tanne im Wald gestrichen war, oder waren wir beeinflusst von den Worten unseres Freundes?

Das Theaterstück

In der Hauptschule war an der Tafel geschrieben: „Wir planen ein weihnachtliches Theaterstück. Wer Lust hat mitzuwirken, bitte melden bei eurem

Klassenlehrer oder Lehrerin". Unser Lehrer, Herr Rohde, las uns den Text vor. Einige Kinder meldeten sich sofort, natürlich war ich dabei. Wir sollten zu Hause fragen, ob wir dabei sein dürfen. Meine Mutter hatte nichts dagegen und fand die Idee gut, doch sie wollte erst mit unserem Lehrer reden. Herr Rohde gab uns ein Schreiben mit. Er wollte drei Tage später eine Besprechung einberufen. Es sollte ein Stück geprobt werden, verbunden mit Passagen aus „Die Schneekönigin". Im letzten Part sollte ich als Schneeflocke wirbelnd über die Bühne schweben. Einfach gesagt, doch das Umsetzen war etwas schwieriger, denn eigentlich sollte ich schwebend auf die Bühne kommen. Doch dieser Vorschlag fand keinen Anklang und war nicht zu bewältigen. Der Sinn des Stückes war, dass die Schneekönigin, umringt von Engeln, sich zu Weihnachten auf der Erde in unserer Stadt Schnee wünschte. Die erste Probe war angesetzt. Ich versuchte wie ein Wirbelwind über die Bühne zu drehen, indem ich auch hochsprang und dann drehend vor der Eiskönigin landete. Alle anderen Schneeflocken sollten von beiden Seiten auf die Bühne kommen und vor der Schneekönigin in die Knie gehen. Die erste Probe war noch nicht zufriedenstellend, doch nach der dritten hieß es: „So kann es bleiben". Jetzt ging es um die Kostüme. Der Weihnachtsmann war klar, roter Mantel, weißer Bart, die Engel trugen weiße lange Kleider und auf dem Rücken der Kinder wurden goldene Flügel angebracht. Die Schneekönigin bekam ein weißes langes Kleid mit silbernen Sternen. Auf dem Kopf eine Krone, die mit silbernen Pailletten bestickt war. Wir Schneeflocken hatten einen Kranz im Haar mit aufgeklebten Wattebällchen. Am weißen Kleid klebten auch die Bällchen und in langen Fäden hingen die Schneeflocken fast bis auf die Erde, damit diese beim Drehen um uns schwebten. Eine Woche vor Weihnachten sollte die Vorführung im Hotel zur Krone sein. Ich fieberte dem Tag entgegen und übte meine Drehung, wo es nur ging. Nun ging es endlich los. Die Vorstellung konnte beginnen. Aufgeregt stand ich an der Seite der Bühne und wartete auf meinen Einsatz und mein Zeichen, dass ich auf die Bühne konnte. Ich bekam einen Schubs von hinten: „Los, Undine, du bist dran." Eigentlich sollte von der anderen Seite ein Handzeichen kommen. Ganz perplex stolperte ich auf die Bühne, fing mich aber wieder und drehte wirbelnd über die Bühne. Bei der letzten Drehung landete ich ungewollt in einem Spagat vor den Füßen der Eiskönigin. „Jetzt habe ich meinen Auftritt verpatzt", dachte ich und hätte mich am liebsten in ein Mauseloch verkrochen. Doch das Publikum war begeistert. Es gab einen minutenlangen Applaus, sodass die anderen Schneeflocken beinahe ihren Auftritt verpassten. Als sie nun über die Bühne wirbelten, hatte ich Mühe aufzustehen. Ich versuchte meine Beine wieder ins Lot zu bringen, es war gar nicht einfach, denn irgendwie gehorchten sie mir nicht. Geschafft! Ich stand wieder auf den Füßen und stellte mich an die Seite der Schneekönigin. Das Publikum klatschte, wir alle verbeugten uns, der Vorhang ging zu. Meine Mutter kam hinter die Bühne und war von meinem Auftritt begeistert. „Wie konntest du nur diesen fantastischen Spagat auf die Bretter legen?", fragte sie mich. „Ein Zufall", antwortete ich ihr. Mein Lehrer kam auch und gratulierte mir zu diesem Erfolg. Am Abend hatte ich solch einen Muskelkater, dass meine Mutter mich mit Pferdesalbe einrieb. Ein Wundermittel, es half.

Peter Biqué

DIE FAHRT ÜBER DIE DONAU

Damals wohnte ich schon eine Zeit lang in der kleinen Pension „Donaublick" zwischen Vilshofen und Passau. Ich kannte den Besitzer Sepp recht gut, weil wir abends meistens gemeinsam im Fernsehzimmer saßen. Die Pension hatte ganze drei Gastzimmerchen und warf nicht allzu viel ab. Deshalb war Sepps Ehefrau Martina noch als Schneiderin tätig. Am Nachmittag des 2. Dezember, ich glaube, es war zwischen zwei und halb drei, klopfte es an meiner Zimmertür. Sepp stand draußen. „Hör mal, Peter", sagte er, „ich müsste noch eine dringende Lieferung für Martina ans andere Ufer erledigen. Aber allein schaff' ich das nicht. Würdest du mir helfen? Du kannst auch ein paar Tage kostenfrei wohnen." Wenig später waren wir beide in Martinas Schneiderzimmer mit vier riesigen braunbeigen Kleidersäcken konfrontiert.
Jeder schnappte sich zwei, und ich sage euch, sie hatten ein Gewicht, dass sie als Trainingseinheiten für Spitzengewichtheber gerade richtig gewe-

sen wären. Wir wankten damit zur Donau, ließen die Säcke in Sepps Boot plumpsen und sprangen hinterher. Wenig später schwammen wir auf den dunklen Wellen des Flusses. Sepp besaß eine Art Ruderboot mit Außenbordmotor, und mit unserer Fracht hatten wir einen beachtlichen Tiefgang.

„Heute in der Nacht wird's Frost geben", meinte Sepp. Wir standen im Boot und schauten hinüber aufs linke Ufer, die Mantelkragen hochgeschlagen, die Hände tief in den Taschen vergraben, und schwiegen vor uns hin.

Ich dachte daran, dass in drei Tagen Nikolaus-abend sein würde. Der alte Nikolaus von Myra, sinnierte ich, war einmal an Bord eines Schiffes im Marmarameer in Seenot geraten, als er als Bischof von Myra unterwegs war zum Konzil von Nizäa. Der Sturm tobte und pfiff und heulte, und die Wellen jagten immer wieder gewaltige Sturzbäche übers Schiff. Nur Nikolaus behielt die Ruhe und ermahnte Mannschaft und Passagiere durchzuhalten. Als sich der Sturm endlich beruhigte, dankten die Leute Nikolaus für ihre Errettung aus der Not. Aber Nikolaus meinte, dass es einzig und allein ihr aller Gottvertrauen gewesen sei, das es ihnen mög-lich gemacht hatte, der Gefahr zu entrinnen.

Nun, auf meiner Reise über die Donau bestand keine große Gefahr. Sepp lenkte das Boot sicher an die Anlegestelle, und ich reichte ihm die Kleiderbeutel hinaus, bevor auch ich an Land ging. Ich fragte ihn, wie weit wir zu gehen hätten, und er erklärte, es seien nur etwa fünfhundert Meter bis zu Martinas Kundschaft. Es sollte sich jedoch herausstellen, dass der Weg in Wahrheit doppelt so weit war.

Nun gut. Als mir die Fracht zu schwer wurde und meine Arme zu erlahmen drohten, bat ich Sepp um eine Verschnaufpause.

„Wo bringen wir das Zeug eigentlich hin?", erkundigte ich mich. „Zu einem Kostümverleih", sagte Sepp. „Komm, Peter, wir müssen wieder los. Es ist nicht mehr weit."

„Und was transportieren wir?", fragte ich noch. — „Nikolaus-Kapuzenmäntel", sagte Sepp. „Rote Nikolausmäntel."

Anneli Klipphahn

DAS KOMISCHE PÄCKCHEN

Ich bin fünf Jahre alt. Im Kindergarten gibt es einen Adventskranz. Die Erzieherin zündet die erste Kerze an. Wir singen: „Lasst uns froh und munter sein …" Dann male ich ein Bild für meine Mama. Sie soll sich wieder freuen. Wenigstens ein bisschen. Oft weint sie. Heimlich. Wahrscheinlich denkt sie, ich merke das nicht. Doch ich merke es. Und ich weiß auch, warum sie weint. Mein Papa ist nicht mehr da. Er ist gestorben. Mama hat nicht viel Geld. Sie macht sich Sorgen, wie alles weitergehen soll. Oma und Opa helfen Mama. Aber sie haben auch nicht viel Geld. Abends betet Mama mit mir. Und ich weiß auch, dass sie Gott bittet, uns zu helfen.

Am Nachmittag holt Mama mich aus dem Kindergarten ab. Gemeinsam gehen wir zur Post. Ein Päckchen ist angekommen. „Das ist von Tante Hertha", sagt Mama. „Für Weihnachten." Tante Hertha ist Papas Schwester. Ich kenne sie nicht richtig. Sie wohnt in Westdeutschland. Da dürften wir nicht hinfahren. Und Tante Hertha kommt selten in die DDR.

Ich freue mich über das Päckchen. Bestimmt ist da leckere Schokolade drin. Vielleicht auch Apfelsinen. Die gibt es in der DDR nur selten.

Zuhause angekommen sagt Mama: „Ich schaue mal in das Päckchen hinein. Falls etwas Verderbliches drin ist."

Ich bin auch neugierig, aber Mama schüttelt lächelnd den Kopf: „Wenn ich dich das jetzt mit auspacken lasse, ist es an Weihnachten keine Überraschung mehr." Dann verschwindet sie mit dem Päckchen in der Küche und schließt hinter sich die Tür. Aber dann darf ich doch gucken, was in dem Päckchen drin ist. Das ist nämlich sehr komisch. Es sind lauter kleine Metallteile. „Das sind Nieten", sagt Mama. „Und die kommen nicht von Tante Hertha, sondern von einer Firma in Westdeutschland." Mama deutet auf den Karton. „Hier steht es drauf. Der Absender ist diese Firma. Aber leider wissen wir nicht, wer das Päckchen erhalten sollte." Dann nimmt Mama das Packpapier zur Hand, in das das Päckchen eingewickelt war. Auf dem Packpapier steht unsere Adresse und der Absender von Tante Hertha.

„An der Grenze zur DDR werden alle Päckchen kontrolliert", erklärt Mama. „Die Päckchen werden aufgemacht und dann wird geprüft, was drin ist. Wahrscheinlich hat dabei jemand das Packpapier von Tante Herthas Päckchen mit dem von diesem Päckchen verwechselt. Ich muss das Päckchen an den Absender zurückschicken und einen Brief dazu schreiben."

„Und was ist mit dem richtigen Päckchen von Tante Hertha?", will ich wissen.

Mama zuckt mit den Schultern. „Das weiß ich auch nicht."

Traurig ziehe ich mich in meine Spielecke zurück. Wahrscheinlich wird es nun an Weihnachten keine Schokolade von Tante Hertha geben. Die Schokolade aus Westdeutschland schmeckt aber soooo lecker.

Die Adventszeit vergeht. Endlich ist Weihnachten. Wir gehen mit den Großeltern zur Christvesper. Danach kommen Oma und Opa mit zu uns nach Hause. Das Wohnzimmer wird heute zur Weihnachtsstube, deshalb ist es gesperrt. Wir essen in der Küche Kartoffelsalat mit Würstchen. Das schmeckt mir gut, aber heute habe ich gar keinen Hunger. Ich bin viel zu aufgeregt.

Dann verschwinden Mama und Opa in der Weihnachtsstube. Während Oma die Küche aufräumt, erzählt sie mir eine Geschichte. Schließlich blättern wir gemeinsam in einem alten Buch, das meine Mama bekommen hat, als sie noch Kind war. Oma liest mir etwas vor.

Endlich ist es so weit. Mama öffnet die Tür des Wohnzimmers. Alle Lampen sind ausgeschaltet, warmes Kerzenlicht erhellt die Stube. Da steht ein geschmückter Christbaum, er duftet nach Tannengrün. Außerdem riecht es nach Räucherkerzen. Und nach Plätzchen und Christstollen. Der Räuchermann raucht seine Pfeife, die Pyramide, die Opa gebaut hat, dreht sich. Und der Nussknacker schaut mürrisch in die Runde. Gleich neben der Tür steht etwas Großes. Es ist mit einem Tuch verhüllt. Was mag darunter versteckt sein?

Bevor es die Geschenke gibt, liest Mama die Weihnachtsgeschichte vor. Dann darf ich das Tuch wegziehen. „Meine Puppenstube", juble ich. „Meine Puppenstube ist wieder da!"

„Die Puppenstube hat Opa gebaut. Ich habe sie schon letztes Jahr bekommen. Doch im Frühling musste ich mich wieder von ihr trennen. Sie wurde auf den Dachboden gestellt, bis zum nächsten Weihnachtsfest. Nun ist sie wieder da und ich freue mich riesig darüber. Ich falle der Mama, der Oma und dem Opa um den Hals. Dann bekomme ich noch neue Gardinen, einen gehäkelten Teppich und zwei Püppchen für die Puppenstube. Außerdem hat Oma für meinen Teddy eine Hose und eine Jacke genäht. Schließlich holt Mama noch ein Paket herein. Es ist sehr groß. Sie schaut in die Runde und erklärt: „Das Paket kommt von den Leuten, denen die Firma mit den Nieten gehört. Sie haben sich so gefreut, dass ich das Päckchen zurückgeschickt und etwas dazu geschrieben habe."

Gemeinsam öffnen wir das Paket und bestaunen all die Herrlichkeiten, die da herauskommen. Kaffee und Kakao, Kekse und Schokolade, Seife und Nivea-Creme. Dazu noch ein warmer Pullover für mich, Strumpfhosen und eine Winterjacke. Und ganz unten drin – ein kleiner Kochherd für Kinder! Er hat zwei Platten, zwei Schalter und ein Kabel mit einem Stecker, den man in die Steckdose stecken kann. Wenn man dann die Schalter anknipst, werden die Platten richtig warm! Zwei passende Töpfe sind auch noch dabei.

Nun liest Mama den Brief von den Leuten vor. Sie danken ihr für ihre Ehrlichkeit, außerdem musste sie ja das Porto für das falsch adressierte Päckchen bezahlen. Dann erzählen sie etwas von sich. Sie haben zwei Kinder, die sind aber schon älter als ich. Die Kleidungsstücke haben die Kinder schon getragen und der kleine Herd ist auch von ihnen, aber vielleicht gäbe es ja jemanden, der sich darüber noch freut. Und wenn es Mama recht sei, würden sie ihr auch in Zukunft weiter Kinderkleidung schicken, die noch gut erhalten sei.

Mit Tränen in den Augen nickt Mama und flüstert: „Das ist mir sogar sehr recht! Danke Gott! Danke, dass du für uns sorgst."

Anneli Klipphahn

WEIHNACHTEN IM KINDERHEIM

Advent 1977.
Ich bin neunzehn Jahre alt. Nach meiner Ausbildung zur Wirtschaftskauffrau in einem Volkseigenen Betrieb der DDR habe ich mich entschlossen, erstmal ein Diakonisches Jahr zu absolvieren. Mit Kindern arbeiten möchte ich, nicht nur am Schreibtisch sitzen.

Im Kurort Rathen in der Sächsischen Schweiz gibt es ein Kinderheim, das von Diakonissen geleitet wird. Es ist ein Heim für die ganz Kleinen – einige werden schon kurz nach ihrer Geburt hierhergebracht. Manche von ihnen werden an den Wochenenden nach Hause geholt. Manche bekommen ab und zu Besuch. Manche kennen weder Vater noch Mutter und sind immer hier. Bis zu ihrem dritten Geburtstag dürfen sie bleiben. Dann werden sie in eine Einrichtung gebracht, in der man sie zu treuen sozialistischen Persönlichkeiten formen wird. So sehen es die Gesetze des atheistischen Staates vor.

Es ist Advent. Ich arbeite im Kinderheim in der großen Gruppe. Die Zwei- bis Dreijährigen brauchen keine Windeln mehr, essen selbstständig, ziehen sich allein an und können schon viele Lieder singen. „Gott ist die Liebe", singen sie. „... er liebt auch dich." Von der Geburt des Kindes singen sie, dem Sohn Gottes, der für alle gekommen ist. Beim Basteln und Schmücken, beim Vorlesen und Plätzchen Backen unterhalten sie sich über Weihnachten.

„Bald kommt meine Mama!", erzählt die kleine Marie. Marie hat es gut. Ihre Eltern holen sie an jedem Wochenende nach Hause.

„Ich auch Hause dehn", ruft Marco dazwischen. Seine Eltern führen ein Restaurant, deshalb ist er oft an den Wochenenden da, wird aber ab und zu in der Woche abgeholt.

„Papa tommt. Martin dann Auto fahren", meldet sich Martin zu Wort. Er ist noch nicht lange hier, hat oft Heimweh und weint um seine Mama, die vor Kurzem gestorben ist.

Viele kleine Münder plappern durcheinander. Doch einige schauen die anderen mit großen Augen an. Ihre Mama und ihren Papa haben sie nie kennengelernt. Ihr Zuhause ist das Kinderheim. Hier gibt es Tanten, die lieb zu ihnen sind – aber es sind eben nur Tanten, keine Mamas.

Endlich ist es so weit. Der 24. Dezember ist da.

Viele Kinder der großen Gruppe werden von Mutti oder Vati, Oma oder Opa abgeholt.

Vier bleiben da.
Auch Schwester Hanna, die Diakonisse, bleibt da. Die Schwesternschaft und das Kinderheim sind ihr Zuhause. Sie liebt die Kinder von ganzem Herzen. Heute wird sie alles tun, damit es auch für die vier Kleinen Weihnachten wird. Das letzte Mal in diesem Kinderheim. Hella, eine andere Erzieherin wird Schwester Hanna helfen. Damit sie in Ruhe alles vorbereiten können, fordere ich die Kinder auf: „Lasst uns spazieren gehen. Ihr wisst ja, draußen gibt es ganz viele Lichter zu sehen."
„Oh ja", ruft Johann. „Vielleicht ist auch der Rocco draußen." Rocco ist ein Hund in der Nachbarschaft. Eifrig wursteln sich die Kleinen ihre Jacken, Schals und Mützen über. Dann kommen die Stiefel dran, manchmal auch verkehrt herum. Das Anziehen ist gar nicht so einfach. Bei den Handschuhen muss ich helfen. Endlich sind alle fertig. Wir spazieren den kleinen Weg zur Elbe hinab. Anton legt den Kopf in den Nacken und schaut nach oben. „Da ist schon der Mond!"
Elke deutet auf den Basteifelsen. „Die Berge sind schon ganz dunkel. Die schlafen schon."
„Ein Weihnachtsbaum!", ruft Toni. „Viele Lichter hat der."

„Guck mal!", freut sich Johann. „Da im Fenster hängt ein Leuchtestern!"

Am Bahnübergang müssen wir warten, die Schranke ist geschlossen. Ein Zug fährt in den Bahnhof ein. Heute steigen nur wenige Leute aus. Es ist niemand dabei, der eines der vier Kinder abholen möchte.

Auch an der Elbe ist es still. Keine Urlauber sind da, keine Schiffe, nur der Fährmann raucht sein Pfeifchen und schaut auf die Uhr.

Langsam gehen wir zurück zum Kinderheim. Nachdem die Kleinen sich ausgezogen haben, wollen sie ins Spielzimmer gehen. Doch was ist das? Die Tür ist verschlossen!

„Kommt mit", sage ich. „Heute ist doch der Heilige Abend! Wir werden im Schlafsaal warten, bis die Tür aufgeht."

Im Schlafsaal liegen heute viele Spielsachen. Bausteine und Autos, kleine Bälle und Reifen, Puppen und Kuscheltiere.

Ich nehme einen kleinen Ball und frage: „Wer kann den auffangen?"

Keiner hat Lust dazu.

Also hole ich Bausteine aus der Kiste und fordere die Kinder auf: „Kommt, lasst uns eine Burg bauen!"

Leider habe ich auch damit keinen Erfolg. Das alles kennen sie schon, sie spielen jeden Tag damit.

Doch die verschlossene Tür ist etwas Besonderes, so etwas gibt es sonst nicht. Da darf man nichts verpassen, muss sich in der Nähe aufhalten, ab und zu das Ohr an die Tür halten.

„Es knistert und raschelt", sagt Johann.

„Was ist denn dort los?", fragt Anton.

Toni presst das Auge ans Schlüsselloch. „Alles dunkel. Schade."

„Wann deht denn die Tür auf?", will Elke wissen.

Endlich hört man, wie ein Schlüssel im Schlüsselloch gedreht wird. Doch leider öffnet sich die Tür nur einen Spalt, gerade so weit, dass Schwester Hanna durchpasst. Rasch huscht sie herein und schließt die Tür hinter sich.

„Kommt mal zu mir", sagt sie leise. „Pst, jetzt müssen wir ganz still sein!" sie legt sich den Finger über die Lippen. „Wenn wir das Weihnachtsglöckchen hören, öffnet sich die Tür!" Sie nimmt ein Kind an die Hand, alle fassen einander an, bis eine lange Reihe entsteht.

Da! Ein leises Bimmeln! Und dann öffnet Tante Hella die Tür! Langsam zieht Schwester Hanna mit den Kindern in das geheimnisvolle Zimmer.

Oh, wie verändert alles aussieht!

Da gibt es einen richtigen Baum mit vielen Kerzen. Genau wie die Christbäume, die wir unterwegs gesehen haben. Die Figuren, die uns durch die Adventszeit begleitet haben, sind auch noch

da. Der Nikolaus, der Nussknacker, das Räucher-
haus und die Engel. Es riecht nach Räucherkerz-
chen und Tannengrün, nach Plätzchen und süßem
Kakao. Die großen Tische, an denen die Kinder
sonst essen und spielen, sind verschwunden. Nur
ein kleiner steht noch da. Mit vier Stühlchen drum
herum. Vor jedem Stuhl stehen ein Spielzeug und
ein Teller mit Plätzchen, Süßigkeiten und Obst. Alles ringsum ist schön geschmückt und viele Kerzen
verbreiten ihr warmes Licht. Die Kinder stehen
und staunen. Tante Hanna geht zum Klavier und
stimmt an: „Ihr Kinderlein kommet ...“ Fröhlich
stimmen die Kinder ein. Ihre Augen leuchten.
Dann bekommt jeder seinen Platz gezeigt. „Oh,
ruft Anton aufgeregt, „eine Pferdekutsche!“ Elke
nimmt glücklich ein kleines Püppchen in den Arm
und Toni muss das neue Auto gleich über den Fuß-
boden flitzen lassen. Johann greift zuerst nach dem
schönen roten Apfel, der auf seinem Teller liegt.
Vorsichtig, als sei er zerbrechlich, nimmt er ihn in
die Hand und läuft damit von einem zum anderen:
„Ein Apfel! Ich habe einen Apfel! Darf ich den essen?“
Ich kann kaum fassen, was ich hier erlebe. Johann
freut sich über einen Apfel, als hätte er das schöns-
te Geschenk der Welt bekommen. Dabei essen die
Kinder doch öfter mal Äpfel, fein säuberlich in kleine Scheibchen geschnitten. Aber einen ganzen Ap-

fel scheint Johann noch nicht so oft bekommen zu haben. Genüsslich beißt er hinein und schaut sich weiter in der gemütlichen Weihnachtsstube um. Doch was ist das? Was steht da unter dem Baum? Ist das ein Stall? Johann entdeckt einen Ochsen und einen Esel, eine Frau und einen Mann. Aber warum liegt in dem Stall ein Baby? Das kann doch nicht richtig sein!

Nun erzählt Schwester Hanna den Kindern mit einfachen Worten die Geschichte von der Geburt des Jesuskindes. Andächtig hören sie zu, diese Kleinen, die zu den Ärmsten gehören, denn keine Mutter und kein Vater fragt nach ihnen. Und bald wird man ihnen auch das noch nehmen, was sie hier haben, die Fürsorge der Diakonissen und die vertraute Umgebung. Nur die Gebete der Diakonissen und der anderen Mitarbeiter werden mit ihnen gehen, wenn sie vom Jugendamt abgeholt werden. Und der Wunsch, dass hier der Grund gelegt wurde, der ein Stück trösten und tragen kann. Vielleicht kann sich ja dieser oder jener später noch an dieses Weihnachtsfest erinnern. Und an Jesus, der arm und bloß auf diese Welt kam, weil Gott gerade die Kleinen und Schwachen ganz besonders liebhat.

Während Schwester Hanna erzählt, wandern Johanns Augen immer wieder zu dem armen Kind in der Krippe. Später, als die anderen ihr Spielzeug ausprobieren, huscht er zur Krippe, schnappt sich das Jesuskind und versteckt es in seiner kleinen Faust. Rasch geht er damit in die Puppenecke, legt das Jesuskind ins Puppenbett und deckt es gut zu. Das Jesuskind ist gerettet, es wird nicht sterben an der Kälte der Welt.

Ursula Zahr

KINDHEITSERINNERUNGEN

Es ist wieder mal so weit. Die Zeit des Advents beginnt. Eine Zeit des Lichts, eine Zeit der Sinne. Menschen rücken näher zusammen, das Miteinander steht wieder im Vordergrund.

Die Tage werden kürzer, Menschen ziehen sich in ihre Häuser zurück. Eine Zeit der Erinnerungen, aber auch eine Zeit der Einsamkeit, des Verlorenseins beginnt.

Meine Gedanken schweifen weiter zurück in meine Kindheit.

Unsere Adventszeit begann damit, dass meine Mutter das schwere, hölzerne Nudelbrett aus dem Keller holte.

Bald würde ein Duft von verschiedenen Gewürzen durch die Küche ziehen. Ich sehe die Köstlichkeiten schon vor mir, kleine Berge aus Kokosflocken, die mich an schneebedeckte Gletscher erinnern, mit Spitzen aus glänzender Zartbitterschokolade. Teigkugeln, umhüllt von leckerem Marzipan und in Kakaopuder gerollt. Nussplätzchen, mit kleingehacktem Orangeat verziert. Sterne und Kringel, liebevoll ausgestochen, mit selbstgemachter Hagebuttenmarmelade gefüllt. Nicht zu vergessen die Nougatrauten, das Lieblingsgebäck meines Vaters, das am besten schmeckte, wenn es frisch aus dem Ofen kam. Der Renner für uns Kinder aber waren die mit Baiser überzogenen Butterplätzchen, die sich im Mund so herrlich wie Zucker anfühlten.

Wir rührten und rollten den Teig, bis sich das Mehl bis zu den Ellbogen verteilte. Mein Bruder bestreute die Plätzchen mit kleinen Liebesperlen und Schokostreuseln. Die Schüssel mit unseren Kunstwerken füllte sich immer mehr. Es war eine schöne Zeit, in der man die Mutter ganz für sich hatte.

Es gab einiges zu tun, um das Haus adventlich zu gestalten, und wir waren mit Eifer dabei.

Der Adventskranz, aus duftenden Tannenzweigen gebunden und geschmückt mit vier dicken roten Kerzen, war mit rot und gold durchwirkten Bändern verziert und wurde an den eigens dafür vorgesehenen Haken an die Zimmerdecke gehängt. Eine Holzschale, gefüllt mit Tannenzweigen, blankgeputzten rotbackigen Äpfeln und Nüssen, fand ihren Platz auf dem weiß lackierten Küchenbuffet. Mein Bruder und ich bastelten mit Hingabe Sterne aus Goldpapier, um unsere Geschenke zu schmücken.

Endlich war der lang ersehnte Tag da, wir durften das größte Türchen am Adventskalender öffnen.

Gebannt schauten wir auf die bisher verschlossene Wohnzimmertür, die sich leise öffnete. Der Klang des silbernen Glöckchens zauberte uns in eine andere, besinnliche Welt, die es nur an diesem Abend gab.

In der Ecke leuchtete uns der Christbaum, mit Lametta und bunten Kugeln geschmückt, entgegen. Mit „Stille Nacht, heilige Nacht", dem Lied seit Generationen in unserer Familie, stimmten wir den Abend ein.

Wenn ich an diese Zeit zurückdenke, war es allein Werk unserer Mutter, dass uns diese Zeit in so positiver Erinnerung blieb, obwohl unser Glaube an das Christkind unerschütterlich war. Ich habe versucht, meinen Kindern diese besinnliche Zeit auch näherzubringen und die Tradition fortzusetzen.

Wir leben mit der Vergangenheit, behalten die Erinnerung, aber wir dürfen nicht vergessen, dass es die Gegenwart ist, die uns all das Schöne bietet.

Hans Orths

DIE WOCHEN DES ADVENTS

Ich denke an die Zeit während der Kriegs- und Nachkriegsjahre gerne zurück. Trotz großer Not und Angst und Verzweiflung, die es in jenen Tagen in fast allen Familien gab. Als Kinder haben wir diese schreckliche Zeit aus einem anderen Blickwinkel erlebt, eben aus dem eines Kindes, der manches in ein milderes Licht rückte.

So hatten die Wochen des Advents etwas Geheimnisvolles, Spannendes, es waren vom „Warten-auf-das-Christkind" erfüllte Tage. So stellten wir zum Beispiel für den Adventskranz aus Talgresten selbst Kerzen her, es war ja damals alles viel einfacher, karger und ärmer. Das Warten auf das Kommen des Erlösers, die Vorbereitung auf die Geburt Christi, war für uns Kinder, wenn wir ehrlich sind, eher auch das Warten auf das Kommen des Christkindes, das uns in sehr bescheidenem Rahmen die Geschenke unter den Tannenbaum stellte. Die Wochen des Advents waren eigentlich eine mehr oder weniger geschäftige Zeit, obwohl sie eine Zeit der

Stille und Besinnung und Einkehr auch damals war. Fast jeden Tag sangen wir zum frühen Abend Advents- und Vorweihnachtslieder, im Grunde genommen waren wir Kinder in diesen Tagen ein wenig leiser und braver als sonst im Jahr. So haben wir uns bemüht, jeden Tag eine gute Tat zu tun und unsere Schulaufgaben besonders eifrig zu machen. Vor allem jedoch bastelten wir einige Geschenke für unsere Eltern und Geschwister und auch für unseren Großvater, „Opa I" genannt, der mit in unserem Haushalt lebte. Es waren sicherlich bescheidene Dinge, die wir anfertigten, wir waren jedoch immer mit viel Engagement und Herzblut dabei. So habe ich einmal aus einem Aststück eine Krippe gebaut, die ein schräges Schilfdach hatte. Die Figuren der Heiligen Familie, Ochs, Esel, zwei Hirten, ein Hund und vier Schafe, sägte ich mit der Laubsäge aus und bemalte sie nach Vorlagen in verschiedenen Farben. Als Überraschung holte ich das Ganze erst nach der Bescherung ins Wohnzimmer, meine Eltern hatten Tränen in den Augen, als sie das kleine „Kunstwerk" sahen. Zwei Jahre später sägte ich ein Kreuz aus Sperrholz, beizte es dunkel und sägte die Worte „IM KREUZ IST HEIL" mühsam Buchstabe für Buchstabe aus und klebte sie auf Quer- und Längsbalken. Bis zu ihrem Tode hat meine Mutter dieses Kreuz in ihrem Wohnzimmer hängen gehabt.

Stichwort Bescherung: Der Heilige Abend hatte damals in manchen Familien nicht die tragende Bedeutung wie heute. Das Aufstellen der Weihnachtsteller am Abend war das herausragende Ereignis. Denn die Bescherung gab es erst nach der Frühmette und dem Frühstück am Weihnachtsmorgen. Ich wurde mit neun Jahren Ministrant und freute mich jedes Mal, wenn ich in der Frühmette zum Dienen aufgestellt war.

Krippenaufbau und Baumverzierung lagen ganz in den Händen unserer Mutter bzw. unseres Vaters, denn er war bereits Ende 1945 aus der Gefangenschaft heimgekehrt. Wir wurden dann am Weihnachtsmorgen, in jedem Jahr anders gestaltet, mit einer Krippe, die von einer Landschaft aus Sand, Steinen, Moos, Rinde, Bäumchen aus Tannengrün und einem kleinen See umrahmt war, und dem schön geschmückten Christbaum überrascht.

Jahre später, als ich heiratete, selbst Vater wurde – und heute Großvater bin –, der Lebensstandard sich nach und nach verbesserte, die Geschenke an Weihnachten demnach immer vielfältiger und teurer wurden, blicke ich fast mit ein wenig Wehmut auf jene Jahre zurück, als wir Kinder waren. Ich will nicht sagen, dass es damals schöner war als für die Kinder heute, ich denke nur, jene Zeit mit ihrer einfacheren und beinahe spartanischen Lebensweise hatte auch ihr Gutes.

Apropos Gutes: Jeden Tag etwas Gutes tun, das haben wir uns damals nicht nur in der Adventszeit vorgenommen, sondern als Mitglieder der Jungschargruppen hier in St. Joseph hatten wir eine Devise, die für alle Jungschärler in Deutschland einheitlich war: „Der Jungschärler dient Christus als dem höchsten Herrn. Ehrt seine Eltern und Priester. Lügt nicht. Ist sauber an Leib und Seele. Liebt Gottes schöne Welt. Hält echte Kameradschaft. Ist froh und hilfsbereit. Wirbt für Christi Reich!" –

Ich denke, dieser Text ist aktuell geblieben, er könnte nicht nur für Kinder und Jugendliche gelten. Er hat etwas zu tun mit der Vorbereitung auf das Kommen des Erlösers, mit der Vorbereitung auf die Geburt Christi. Denn wenn wir hiernach leben, bereiten wir den Weg des Herrn, kommen IHM ein Stück näher auf dem Weg zur Krippe.

So wünsche ich allen Lesern eine gesegnete Adventszeit!

Margarete Scholz-Buchmann

SO VIEL ARBEIT FÜR DAS CHRISTKIND!

Ich bin 1946 geboren, die arme Kinderzeit war trotzdem wunderbar. Die Adventszeit war eine Zeit der Wünsche und des langen Wartens. Ich erinnere mich an die wunderbar dekorierten Schaufenster mit all dem herrlichen Spielzeug. Was konnte man sich da alles wünschen! Puppenwagen, schöne Puppen und Puppenstuben. Die fahrenden Eisenbahnen begeisterten viele Kinder. Die Stabilbaukästen hatten es mir auch angetan. „Das ist nichts für Mädchen", hieß es da in meiner Familie immer. Bei den Brüdern meiner Freundin baute ich immer mit. Einen großen Bruder hätte ich auch toll gefunden. Ich habe eine fünf Jahre jüngere Schwester.

Unser Wunschzettel wurde meist mit Papa am ersten Advent geschrieben. Als ich ihm meine vielen Wünsche in dem kleinen Spielzeugkatalog zeigte, sagte Papa oft: „Denk daran, es gibt viele Kinder. Jedes möchte ein Geschenk vom Christkind. Du kannst nicht so viel bekommen!"

Ein gewünschtes Teil lag am Heiligabend immer unter dem Baum in der kleinen Küche. Darüber hinaus dann noch Dinge, die man brauchte: ein neues Kleid für die Feiertage zum Beispiel. Und immer gab es die kratzigen langen Strümpfe, gestrickte Leibchen, Gummiband-Strapse samt diesen unmöglichen Strümpfen, und, damit der Popo nicht kalt wurde, einen längeren warmen Schlüpfer. Lange Hosen für Mädchen und Frauen zu der Zeit unmöglich!

Oft habe ich gedacht: Wenn das Christkind und die Engel auch selbst diese blöden Strümpfe tragen müssten, gäbe es bestimmt schöne weiche, flauschige. Aber ich habe es überlebt.

Die Puppe war auch immer neu angezogen, der bunte Teller lecker. Mama hatte sich auch viel Mühe gemacht beim Backen der Kekse. Ich träumte immer, im Himmel seien die vielen Engel, die eifrig die vielen Wünsche verpacken. Das Christkind habe dann am Heiligabend viel Arbeit mit all den vielen Geschenken für die vielen Familien!

In der Schulzeit hieß es plötzlich: Es gibt kein Christkind und keinen Nikolaus. Alles machen die Eltern! Ich war maßlos enttäuscht. Meine Träumereien, alles Schöne vorbei, das tat richtig weh. Wie konnte das sein? Erst hieß es: Das Christkind kommt, und dann plötzlich nicht mehr? Hatten alle gelogen?

Viele Jahre später, mein Mann hatte es auch so erlebt, wollten wir das unsere Tochter und unseren Sohn nicht so erleben lassen. Wir waren uns einig, es gibt ein Christkind und Nikolaus. Sie kommen aber immer zu den kleineren Kindern. Die Eltern von Babys haben ja auch viel mehr Arbeit! Das haben unsere beiden auch sofort verstanden. Werden die Kinder dann größer, dürfen sie dem Christkind helfen: Baum aussuchen, schmücken und kleine Geschenke basteln. Die Omas, Tanten, Onkel und Cousinen bekamen immer etwas Selbstgebasteltes. Es hieß immer in der Adventszeit: Wir müssen dem Christkind helfen. Diese Tradition ist bis heute geblieben.

Mein Mann und ich waren schon Opa und Oma, da waren wir über zwölf Jahre Ersatzgroßeltern für viele kleine Kinder. Sie wurden uns über das Jugendamt und die Krankenkasse vermittelt. Oft waren wir die Rettung in der großen Not, wenn es um Betreuung der Kleinen ging. Die Kinder bereicherten unsere Familie. Auch das war eine wunderschöne und aufregende Adventszeit wie die mit unseren leiblichen Kindern.

Alles wiederholt sich: Mit Oma basteln, mit Opa backen, die Kinder waren erfüllt vom Adventszauber in unserem Haus. Auch für die Mütter und Eltern war es wichtig, glückliche Kinder zu haben. Die Kleinen waren eifrig dabei, dem Christkind zu

helfen. In einem Jahr hatten sie eine ganz besondere Aufgabe: Mit Opa Franz fuhren sie in den Baumarkt, einen Spiegelschrank kaufen. Nikolaus hatte
auf dem Zettel von Opa geantwortet: „Ist zu groß
und zu schwer. Bitte helft dem Christkind!" Das ließen die Kinder sich nicht zweimal sagen. Die Kleinen waren begeistert und haben das Personal vom
Baumarkt mit ihrer Freude angesteckt.

Dagmar Seifert

PETER, DER WEIHNACHTSKATER

Im Winter war das. Ich war fünf, noch nicht ganz sechs, und bin noch nicht zur Schule gegangen. Da sind meine Eltern mit mir in eine Art Siedlung am Rand von Hamburg gezogen, lauter hässliche graugelbe Häuser im Kreis und drum rum eine hässliche graugelbe Mauer. Außerhalb der Mauer lagen Kuhweiden und Stoppelfelder. Der einzige Lichtblick bestand aus der kleinen Bude am S-Bahnhof. Da konnte man Micky-Maus-Hefte und Kaugummi kaufen. Kinder gab's kaum – jedenfalls nicht in meinem Alter, bloß „große Kinder", die miteinander auf Rädern umherfuhren und mit Kleinen nichts zu tun haben wollten.

Dann fing es an, zu schneien, und dann taute es ein bisschen und sah noch schlimmer aus.

„Hock nicht immer nur im Haus – geh an die frische Luft!", haben meine Eltern verlangt und den Fernseher vor meiner Nase ausgeknipst. Ich sagte, ich würde rausgehen, wenn sie mir einen Hund kauften. Dann wäre ich nicht so alleine.

„Zu teuer!", war die Antwort, „das ganze Futter –
und er muss geimpft werden, was das kostet! Spiel'
mit den Kindern – da sind doch Kinder!" Und
sie haben aus dem Fenster auf die vorbeifahren-
den Großen auf Rädern gezeigt. Sie begriffen gar
nichts.

Schließlich hat mir meine Mutter eine Mark für
eine halbe Stunde „draußen spielen" gegeben. Weil
ich doch frische Luft brauchte! Später hat sie mir
mal erzählt, wie sie mit blutendem Herzen aus dem
Küchenfenster guckte und mich im Schnee stehen
sah, unbeweglich im Vorgarten. Ich hätte da gestanden in meinem Anorak und mit der Wollmütze,
die Haustür angestarrt und gewartet, bis die halbe
Stunde um war und ich meine Mark verdient hatte
und wieder rein durfte. Da hat meine Mutter sich
gefragt, ob es ihrer kleinen Tochter wohl schadet,
so in der Kälte herumzustehen. Andererseits war
ich ja warm angezogen. Und so hatte ich jedenfalls frische Luft. Also bekam ich weiter Geld für
„draußen spielen".

Eines Tages stand ich nicht mehr im Vorgarten. Ich
war viel länger als eine halbe Stunde weg, es wurde schon dunkel. Meine Mutter hat unruhig nach
draußen geschaut. Und dann hat sie etwas Merk-
würdiges auf unser Haus zukommen sehen: Etwas
wie ein großes, dunkles, zappelndes Kissen, das auf

zwei Beinen näher gekommen ist. Meine Mutter hat die Haustür aufgerissen, mit großen Augen.

Das zappelnde Kissen hat unfreundliche knurrende und quakende Geräusche gemacht und nach allen Seiten ausgetreten. Meine Stimme hat darunter hervor gesagt: „Mami, das Kätzchen ist mir hinterhergelaufen. Darf ich's behalten?"

Was ich auf den Armen und in den zerkratzten Händen trug, war ein riesiges dunkelgetigertes Katzenvieh mit nur einem Ohr – vom zweiten gab es kaum kleine Reste – und nur einem Auge: das andere war halb geschlossen und trübe. Sein dicker Schädel zeigte die Narben jahrelanger Kämpfe, und sein Stert war früher ganz bestimmt mal doppelt so lang gewesen. Ich hab das Tier auf dem Küchenboden abgesetzt. Es funkelte uns aus seinem gelben Auge an, das übrig gebliebene Ohr feindselig angelegt, und fauchte laut. Ich merkte, dass meine Mutter nicht sehr erfreut aussah.

„Ich glaube, es ist ein Kater. Ich möchte ihn ‚Peter' nennen", meinte ich kleinlaut.

Wer behauptet, alle Katzen wären anmutige Geschöpfe, der hat Peter nie gesehen. Meine Mutter hat ihm mit einem Seufzer eine Untertasse mit Büchsenmilch hingestellt. Die hat er so schnell und gierig aufgeschlabbert, dass er sich verschluckte und husten musste. Aber danach wollte er dann auch bleiben. Vor dem Kühlschrank.

„Mal sehen, was Pappi meint, wenn er kommt."
Damit hat meine Mutter die Entscheidung dele-
giert.

Ich setzte mich auf den Küchenboden neben Peter
und versuchte, mir ihm zu spielen. Er wollte jedoch
nicht spielen, er wollte fressen. Ich hab ihm nach
und nach aus dem Kühlschrank ein paar Scheiben
Edamer, ein paar Scheiben Lachsschinken, einen
Fleischklops, einen Puddingrest und drei kalte Pell-
kartoffeln gegeben. Er hat alles in höchster Eile ver-
drückt. Als es nichts mehr gab, hat er sich gründlich
die Schnauze geputzt, herzhaft gerülpst und sich
hinter dem Herd zum Schlafen zurückgezogen. Da
durfte ich ihn endlich streicheln.

Als mein Vater nach Hause gekommen ist, hat meine Mutter ihn gleich in die Küche gezogen. Mein
Vater betrachtete das schnarchende neue Haustier,
ohne etwas zu sagen.

Etwas später hörte ich, wie meine Eltern sich im
Flur leise unterhielten.

Mein Vater sagte: „Wollte sie denn eine Katze haben?"

Und meine Mutter: „Vielleicht denkt sie, besser
eine Katze als gar kein Hund. Meinst du, wir sollten durch Plakate an Bäumen nach dem rechtmä-
ßigen Besitzer forschen?"

Mein Vater brummelte: „Wer den los ist, macht
drei Kreuze."

Weil wir kein Katzenklo hatten, stellten wir für Peter einen großen flachen Pappkarton voll Blumenerde unter die Treppe. Als er aufgewacht ist, hab ich ihm das Behelfsklo gezeigt. Das hat ihn leider überhaupt nicht interessiert. Er ist zur Haustür und wollte raus. Weil ich nicht gleich geöffnet habe, hat er mit seinen kräftigen Krallen den Lack in geringelten Streifen von der Tür gehobelt und den Teppichboden vor der Tür gestriegelt.

Mein Vater hat gebrüllt wie ein Berserker und ist mit seinem Schuh in der Hand auf unser neues Haustier zu. Da hab ich schnell die Tür aufgemacht, und Peter ist mit einem Satz in der Dunkelheit verschwunden.

Ich war sehr, sehr traurig.

Aber als meine Mutter am nächsten Vormittag die Haustür aufmachte, um zu sehen, ob Post im Briefkasten war, sprang Peter zwischen ihren Beinen durch ins Haus und gleich in die Küche. Ich sah so glücklich aus, dass meine Mutter ihn nicht wieder rausgeworfen, sondern mit Quark und der Pelle von gekochtem Huhn gefüttert hat. Hinterher schlief er wieder neben dem Herd, mit ganz fettigen Barthaaren.

Von da ab kam Peter fast täglich. Er spielte nie, er schnurrte nie. Am Schmusen war er nicht interessiert. Er fraß, was er bekam, egal, was es gab. Krüsch war er wirklich nicht. Dann schlief er sich in der Wärme aus. Und dann ging er wieder.

„Er stinkt", hat meine Mutter sich beklagt.

„Weil er nie kastriert worden ist", hat mein Vater geantwortet.

Dann mussten sie mir erklären, was kastrieren heißt: eine Operation, damit es nicht zu viele kleine Kätzchen gibt.

Ach so. Und wenn die nicht gemacht wird, stinkt man? Ich war dagegen, meinen Peter operieren zu lassen. Das traf sich gut – meine Eltern waren sowieso dagegen, für das Tier auch noch Geld auszugeben.

Es wurde viel kälter und es fiel noch mehr Schnee. Ich freute mich auf Weihnachten.

Peter seinerseits bekam Frühlingsgefühle. Er brachte der Katze von unserem Nachbarn ein Ständchen und prügelte sich mit einem Rivalen – nachts um vier. Es klang, als ob mehrere Morde begangen würden. Wir wachten alle auf. Dann hörten wir unseren Nachbarn furchtbar laut schimpfen und mit seinen Fenstern knallen – und dann war Ruhe. Bis Peter von außen den Lack von unserer Haustür hobelte.

„Er will rein!", rief ich und rannte, um die Tür zu öffnen.

Peter sprang in die Küche und fauchte uns von da aus an. Sein einziges Ohr blutete, aber das war nicht das Schlimmste: er war vollkommen nass. Der Nachbar hatte ihn mit kaltem Wasser übergossen.

„Dieser Rohling – bei dem Frost!", hat meine Mutter gesagt.

Mein Vater hat versucht, Peter mit einem Handtuch abzurubbeln. Die Narben auf seinen Händen konnte er zwanzig Jahre später noch zeigen, wenn er die Geschichte erzählt hat. Er wurde sehr böse und ging ins Bett. Meine Mutter und ich haben Peter dann vorne gefüttert und hinten vorsichtig abgetrocknet. Danach hat er zum ersten Mal bei uns übernachtet.

Leider ist Peter Heiligabend unterwegs gewesen. Wir hatten ihm nämlich ein Katzenklo als Weihnachtsgeschenk zugedacht. Das hatte unsere Putzfrau mitgebracht, deren Katze vor einem Jahr gestorben war. Ich machte den ganzen Abend immer wieder die Tür auf und lauschte besorgt in die kalte Dunkelheit hinaus. Wo war mein Peter?

Er kam einige Stunden später und wetzte seine Krallen an der Haustür. Diesmal wachten meine Mutter und ich nicht davon auf. Mein Vater hat ihm aufgemacht und ihm in der Küche zu fressen gegeben, denn er war in Weihnachtslaune.

Schmunzelnd hat er zugesehen, wie Peter seinen Bauch füllte. Dann hat er gesagt: „Na, mein Freund, willst du mal dein Weihnachtsgeschenk sehen?" und hat ihm die Wohnzimmertür aufgemacht, wo das Katzenklo unter dem Baum stand.

Das Klo hat Peter nicht weiter beeindruckt, doch der funkelnde Baumschmuck gefiel ihm. Er schlug mit der Pfote nach einem Filigran-Stern – ausgerechnet er, der doch nie spielen mochte! Mein Vater hat ihn ermahnt, das bleiben zu lassen, und Peter hat wirklich den Stern nicht weiter belästigt und stattdessen eine silberne Baumkugel mit einem Prankenschlag heruntergeholt. Die zerbrach sofort. Mein Vater wollte den Kater an weiteren Taten hindern und ist auf ihn zugerannt. Da ist Peter den Weihnachtsbaum hinaufgeklettert. Er hat den Stamm umklammert und geknurrt und gebrüllt. Mein Vater hat auch gebrüllt und versucht, das Tier da runterzuholen. Der Baum ist umgekippt. Dabei ging viel Schmuck zu Bruch.

Inzwischen waren meine Mutter und ich auch aufgewacht und standen ganz entsetzt in unseren Nachthemden in der Wohnzimmertür. Es sah erstaunlich aus, wie mein Vater und mein Kater und der Weihnachtsbaum miteinander kämpften. Mein Vater lag zuunterst.

Dann kam Peter mit einem langen Satz auf uns zu – wir kreischten und wichen aus. Er rannte zur Haustür und kratzte abwechselnd wie wild daran und am Teppichboden. Dem Teppichboden haben die Haare zu Berge gestanden. Uns auch. Mein Vater hat geschrien, das Vieh legt er um. Da hab ich Peter schnell die Tür geöffnet.

Im Wohnzimmer stank es unbeschreiblich. Er ist schon wieder nicht kasterniert! habe ich mir gedacht. Tatsächlich hatte Peter auf den Tannenbaum, meinen Vater und den Wohnzimmerteppich gestrullert. Nur das Katzenklo hatte er nicht getroffen. Der Schlafanzug von meinem Vater war tropfnass. Den hat meine Mutter gleich in die Waschmaschine gesteckt – und mein Vater hat geduscht.

Unser Weihnachtsbaum musste raus in den Garten, mit allem Schmuck: „Der Gestank geht ja nie ab. Wir müssen nächstes Jahr neuen Schmuck kaufen …"

Den Teppich haben wir zusammengerollt und erst mal auch in den Garten gebracht, an die Hauswand gelehnt. Später kam er dann in die Reinigung.

Mein Vater hat am nächsten Morgen immer noch erzählt, was er alles mit Peter machen wollte und wie er ihm das Fell abziehen würde – bis ich geweint habe. Da haben meine Eltern mir versprochen, „human" zu sein. Nur behalten würden wir mein Kätzchen bestimmt nicht!

„Das Biest ist eine Strafe und weiter nichts!", hat mein Vater gesagt. Meine Mutter hat eine Schlafpille zu Pulver gedrückt, und als Peter am nächsten Tag kam, hat sie ihm das Pulver in ein bisschen Hackfleisch gemischt. Ich hab leise gesagt: „Nicht essen, Peter!" Aber er hat nicht auf mich gehört.

Als er wieder neben dem Herd schlief, hat mein Vater den Bruder von einem Bauern angerufen, bei dem wir immer frische Eier kauften. Mit dem hatte er vorher schon gesprochen. Der hatte auch einen Bauernhof, bloß ziemlich weit weg.

„Der gute Mäusefänger schläft gerade bei uns!", sagte mein Vater. Und eine halbe Stunde später kam der Bauer auf einem Motorrad angeknattert. Sie steckten das schlafende Tier in einen Rucksack, der mir Zeitungspapier ausgepolstert war. Peter wachte ein bisschen auf, nölte vor sich hin und verdrehte sein gelbes Auge, war jedoch zu schläfrig, um sich zu wehren.

Der Bauer nahm den Rucksack, aus dem Peters Kopf mit dem einen Ohr guckte, auf den Rücken, winkte uns zu und fuhr mit seinem Motorrad davon.

Ich hab lange hinterhergeguckt. Geheult hab ich auch. Dann bin ich aber doch reingegangen, weil der Weihnachtsbaum und der Teppich neben mir zu sehr gestunken haben.

Wir haben die Tür innen und außen neu lackieren lassen und das Stück Teppichboden vor der Haustür entfernen und neu verkleben. Und mein Vater hat mir bald darauf einen kleinen weiß-braunen Hund geschenkt, nachträglich zu Weihnachten.

„Das kommt wahrscheinlich billiger", hat er gesagt.

Josua Buchmüller

DER CHRISTBAUMDIEB

Ein kleiner Bub zerrt seine Mutter zu einer Nord-landtanne hin, die mit anderen Christbäumen zum Verkauf in der ersten Reihe steht.

„Schau, der ist schön! Kaufen wir den, Mami?"

Die modisch gekleidete junge Frau lässt sich samt dem Kinderwagen mit dem Jüngsten darin zu dem Baum hinziehen.

„Ja, der ist hübsch, den nehmen wir", sagt sie und winkt die Verkäuferin herbei.

Es ist die Bauersfrau aus der Region, die immer vor Weihnachten bei der Tramhaltestelle ihre Christ-bäume verkauft. Es ist noch früh am Tag. An den Christbäumen vorbei eilen die Leute zum Tram, das gerade einfährt.

„Achtzig Franken", sagt die Verkäuferin auf die Frage nach dem Preis; „es ist eben ein besonders schöner, die sind immer schnell weg."

Die Kundin zahlt und fragt dann: „Würden Sie mir den Baum noch etwa zwei Stunden hüten? Ich nehme ihn mit, wenn wir aus der Stadt zurück sind.

Wenn Sie ihn mir verpacken, kann ich ihn dann quer auf den Kinderwagen legen."

Keine der beiden Frauen hat den jungen Mann bemerkt, der aus einigen Metern Distanz dem Verkauf zugeschaut und das Gespräch mindestens dem Sinn nach verstanden hat.

Die Mutter mit den beiden Kindern geht jetzt zur Haltestelle hinüber. Als der Vierzehner kommt, steigt sie mit dem Kinderwagen in den Niederflur-Anhänger. Auch der junge Mann fährt stadtwärts, aber im Wagen dahinter.

Kurt Häring hat die Vorweihnachtszeit dieses Jahr nicht gut erlebt. Die Gerüstbau-Firma, bei der er gearbeitet hat, ist im August an eine deutsche Gruppe verkauft worden. Seither ist nur noch Sparen Trumpf. Im Oktober hat es auch Kurt getroffen: Auf Ende Dezember hat er die Kündigung erhalten. Schon im November hat er nur noch tageweise auf Abruf gearbeitet. Letzten Freitag ist er verabschiedet worden, weil ja jetzt auf dem Bau Weihnachtspause ist. Alle Bemühungen um eine neue Stelle sind bisher erfolglos geblieben. Es ist überall schwierig im Baugewerbe, im Winter erst recht. Wenn nicht noch ein Wunder passiert, muss er im Januar Arbeitslosengeld beantragen.

Kurt hätte sich auch gerne einen schönen Weihnachtsbaum gekauft. Aber achtzig Franken, wie die Dame da im vorderen Wagen, das kann er sich nicht leisten. Die gehört offenbar nicht zu denen, die sparen müssen. Hat wohl einen Mann, der genug verdient, dass sie nicht berufstätig sein muss. Vielleicht ist das auch einer von denen, die Leute entlassen und dann einen Bonus bekommen, weil der Aktienkurs der Firma wieder steigt. Wenn Kurt an solche Zusammenhänge denkt, steigt in ihm die Wut auf. Die Reichen können sich alles leisten, aber er wird vielleicht nicht einmal mehr die Miete für seine Anderthalbzimmer-Wohnung zahlen können. Aber einen Weihnachtsbaum möchte er trotzdem haben. Er hat mit seiner Freundin abgemacht, dass er einen besorgt. Sie wird am Heiligen Abend den Christbaumschmuck aus dem Nachlass ihrer Großmutter mitbringen. Die kostbare Nordlandtanne, die bezahlt ist und zum Abholen bereitsteht, fällt Kurt ein. Und dann kommt ihm eine Idee. Zuerst verwirft er sie, aber er wird den Gedanken nicht los. Er könnte doch den Baum abholen und sich als hilfsbereiten Nachbarn der Dame mit den beiden Kindern ausgeben. Er könnte sie in der Stadt getroffen haben, sie könnte ihm von dem bereitstehenden Baum erzählt und er ihr offeriert haben, den Baum für sie nach Hause zu tragen. Ja, warum eigentlich nicht? Kann sie achtzig Franken für einen Christbaum ausgeben, wird sie das locker auch ein zweites Mal können.

Er steigt in der Nähe der Buchhandlung aus, wo er das Buch kaufen will, das sich seine Freundin zu Weihnachten wünscht, und vergewissert sich, dass die Dame mit den Kindern weiterfährt. Er sucht und findet das Buch, stöbert noch ein wenig in der Buchhandlung herum und fährt dann mit dem Tram wieder zurück.

Die Christbaum-Verkäuferin schöpft keinen Verdacht. Kurt stellt sich als hilfsbereiter Nachbar der Dame mit dem Kinderwagen vor. Er tut das so überzeugend, dass die Frau sich sogar ihrerseits für die freundliche Geste bedankt. Mit dem Baum unter dem Arm und einem schlechten Gefühl im Bauch geht er heimwärts.

An der Ecke bei der Post verteilt jemand eine Zeitung an die Passanten. Kurt hätte einen Bogen gemacht, wenn er nicht zu spät bemerkt hätte, dass es der Pfarrer von der Quartierkirche ist. Zum Glück wird er gerade von jemand angesprochen, so dass er Kurt nur zunickt und ihm die Zeitung hinstreckt. Da ist vorne drauf ein Mädchengesicht im Kerzenlicht und die Schlagzeile: „Warum Weihnachten fasziniert." Wenn der Pfarrer es verteilt, wird es ja nicht Werbung sein. Wohl etwas Frommes. Mit dem gestohlenen Christbaum in der einen und dem frommen Blatt in der anderen Hand geht Kurt die zehn Minuten bis zu seiner Wohnung. Er stellt den

Baum auf den Balkon, holt sich etwas zum Trinken und blättert dann ein wenig in der Zeitung, die ihm der Pfarrer zugesteckt hat.

Den Artikel eines Psychologen übergeht er, ebenso die ganzseitige Karikatur, mit der er nichts anfangen kann. Von den Prominenten, die auf einer Doppelseite über ihre brennendste Frage an Gott Auskunft geben, kennt er nur das Bild der Sängerin Francine Jordi. Er blättert weiter und will die Zeitung schon zumachen. Aber da schaut ihm das lachende Gesicht eines Afrikaners entgegen, und auf einem weiteren Bild auf der gleichen Seite sieht man den jungen schwarzen Mann, wie er in einem Schweinestall vor zwei Tieren kauert. „Benjamin als Schweinehirt" steht über dem Artikel. Die ersten Zeilen sind fett gedruckt und fassen den Text zusammen: „Benjamin stammt aus dem Kongo, arbeitet in einem Schweinestall im Aargau und glaubt an jenen Jesus, der vor 2000 Jahren in einem Stall im Nahen Osten geboren wurde."

Kurt lässt sich von Benjamins Geschichte fesseln und erfährt, wie der heute Achtzehnjährige vor zwei Jahren als politischer Flüchtling in die Schweiz gekommen ist. Jetzt mistet er als Asylbewerber die Ställe von 800 Schweinen, sechs Tage in der Woche. Er träumt davon, einen Beruf zu erlernen und später einmal in den Kongo zurückzukehren, um seiner Mutter zu helfen. Aber wahrscheinlich bleibt das ein Wunschtraum, denn er weiß nicht einmal, ob seine Mutter noch lebt.

Benjamin war schon daheim in Afrika ein Christ geworden. Das bedeute für ihn, Jesus Christus persönlich zu kennen, sagt er. Und dann stellt er fest: „Hier in der Schweiz glauben die Leute alles zu haben, aber vielen fehlt das Allerwichtigste. Wenn man Jesus kennt, hat alles andere keine Bedeutung mehr." Jetzt in der Weihnachtszeit erinnere er sich an die festlichen Gottesdienste in seiner Heimat, aber auch daran, dass Jesus in einem Stall geboren wurde.

Kurt lässt die Seite mit dem Bild aus dem Schweinestall offen auf dem Tisch liegen. Er schaut das fröhliche Gesicht des afrikanischen Flüchtlings und Schweinehirten im Lauf des Tages immer wieder an. Ein paar Mal hat er in der Waschküche zu tun, weil heute sein Waschtag ist. Dazwischen zappt er sich durch die Fernsehprogramme, aber nichts interessiert ihn wirklich. Eigentlich hätte er den Christbaum aufstellen wollen, aber er kann sich nicht dazu entschließen. Noch nicht einmal aus dem engen Netz befreit hat er die kostbare Tanne.

Wenn er an diesen Benjamin und seine Situation denkt, gehl es ihm ja vergleichsweise gut. Der schimpft nicht über die reichen Schweizer, sondern fragt sich, warum sie nicht dankbarer und glücklicher sind. Dem armen Schweinehirten mit dem lachenden Gesicht muss man es ja wohl glauben, dass für ihn alles andere bedeutungslos sei, seitdem er Jesus kenne.

Je länger Kurt darüber nachdenkt, desto undankbarer kommt er sich vor. Wenn doch auch er angesichts seiner schwierigen Lage so zuversichtlich sein könnte! Eigentlich ist es doch unwichtig, was man sich leisten oder nicht leisten kann. Plötzlich ist ihm klar, dass er sich an dem gestohlenen Weihnachtsbaum nicht wird freuen können. Hätte er doch diesen Blödsinn nicht gemacht! Wenn er ihn nur rückgängig machen könnte.

Aber wie denn? Den Baum einfach zurückbringen und sich bei der Verkäuferin entschuldigen? Ihr erklären, wie er auf den dummen Gedanken gekommen sei? Vielleicht könnte sie es verstehen. Sie gehört sicher auch nicht zu den Reichen.

Kurts Gedanken reifen zum Entschluss. Gegen Abend, als es dämmert, trägt er die immer noch verpackte Nordlandtanne zurück.

Die Frau ist erstaunt, aber nicht ungnädig. Ja, sie habe sich sehr geärgert, als die Kundin den Baum abholen wollte und von dem angeblichen hilfsbereiten Nachbarn nichts wusste. Da habe sie ihr natürlich einen anderen geben müssen und den Schaden, den habe sie selber gehabt.

„Aber jetzt ist er ja wieder da", sagt sie. Und nachdem sie einen Moment nachgedacht hat, fügt sie
bei: „Nur Sie haben jetzt keinen!"

Kurt sieht sich um und zeigt dann auf eine kleine
Rottanne: „Die dort könnte ich mir schon leisten."

„Ich auch", sagt die Frau. Sie holt das struppige
Bäumchen und drückt dem verwunderten Kurt
den dünnen Stamm in die Hand.

„Ich schenke es Ihnen. Damit Sie nie mehr vergessen: Ehrlich währt am längsten! Und jetzt: Frohe
Weihnacht!"

Rita Hajak

SCHNEECHAOS AM HEILIGABEND

Es war zwei Tage vor Weihnachten. Ein stürmischer Wind pfiff um die Häuser. Der Himmel sah grau und bedrohlich aus. Am späten Abend setzte heftiger Schneefall ein, und ich geriet in Sorge. Die meisten Menschen hätten sich über diese Wetterlage gefreut, mein Mann und ich jedoch nicht. Das hatte seinen Grund.

Wir wohnten auf einer Insel an der Ostsee in unseren eigenen vier Wänden. Unsere Kinder, die 700 Kilometer entfernt lebten, hatten sich entschlossen, das Weihnachtsfest bei uns zu verbringen. Dieses Vorhaben stand nun auf der Kippe: Hatte es auf der Insel einmal angefangen zu schneien, hörte es nicht so schnell wieder auf. Meine Stimmung sank auf den Nullpunkt.

Mein Mann und ich hatten bereits die letzten Vorkehrungen für das Fest getroffen, der Weihnachtsbaum stand geschmückt in der Wohnstube. Missmutig verfolgten wir den Wetterbericht. Weitere starke Schneefälle wurden angekündigt.

Am nächsten Morgen sah man weit und breit nichts mehr als einen weißen Teppich, der überall ausgerollt zu sein schien. Der Nordwind blies den feinen Pulverschnee durch die Gegend.

Glücklicherweise hatten wir alle Einkäufe getätigt und brauchten das Haus nicht mehr zu verlassen. Als wir mit den Kindern telefonierten, waren wir sehr enttäuscht, dass sie ihren Besuch absagten. Ganz Deutschland war von diesem überfallartigen Wetterchaos betroffen. Wir mussten uns damit abfinden, den Heiligabend alleine zu verbringen.

Die Sicherheit unserer Kinder ging vor.

Die Räumfahrzeuge waren im Dauereinsatz, konnten die Straßen jedoch nicht so schnell freiräumen, wie es wieder nachschneite. Die Insulaner saßen fest. Ich erinnerte mich an die Schneekatastrophe im Winter 1978/79, als heftige Schneefälle die Insel lahmlegten. Für einige Tage mussten die Bewohner aus der Luft versorgt werden. Das wünschten wir uns nicht.

Am Heiligabend lag der Schnee, bedingt durch die Verwehungen, fast kniehoch. Unser Mäxchen, ein kleiner Colliemischling, war ganz und gar nicht erfreut darüber. Mein Mann schaufelte einen rund dreißig Meter langen Weg frei, damit unser Hund sein Geschäft verrichten konnte, bevor er im Schnee verloren ging.

Nachmittags gegen drei Uhr begann es erneut zu schneien. Wir hielten es für angebracht, zum gemütlichen Teil des Tages überzugehen. Die Fischsuppe war gekocht, der Kartoffelsalat stand bereit, der Fisch war paniert. Wir hörten weihnachtliche Musik und genossen Tee mit Rum, Gebäck und Stollen.

Im Kaminofen brannte ein behagliches Feuer. Und obwohl wir uns bemühten, konnten wir uns nicht auf Weihnachten einstimmen. Die Kinder fehlten uns.

Das Klingeln des Telefons schreckte uns auf.

Es war unser Sohn Marc, der sagte: „Hallo, Mama, könnt ihr uns abholen?"

„Abholen? Junge, wieso abholen, wo seid ihr denn?", fragte ich aufgeregt. Ich drückte auf die Lautsprechertaste, damit mein Mann Peter mithören konnte. Marc lachte, und im Hintergrund hörten wir unsere Schwiegertochter und unseren anderen Sohn ebenfalls lachen.

„Macht ihr Scherze? Wir würden gerne mitlachen", sagte ich.

„Wir stehen am Bahnhof in Puttgarden. Wäre schön, wenn ihr uns schnellstens abholen könntet, bevor wir eingeschneit sind", sagte Marc.

„Ich fasse es nicht", rief ich völlig aufgelöst und weinte vor Freude. „Euer Vater fährt gleich los, die zehn Kilometer wird er schaffen."

Ich zitterte vor Aufregung. Auf diese grandiose Idee, mit dem Zug zu fahren, konnten auch nur unsere Söhne kommen.

Über eine Stunde wartete ich darauf, dass sie eintrafen. Es war dunkel geworden.

Als das Telefon läutete, bekam ich Angst.

„Wir stecken mit dem Auto fest, Schatz", sagte Peter, „ich komme ohne Hilfe nicht mehr raus."

„Und nun?", wollte ich wissen.

„Ich weiß nicht, wo ich am Heiligabend Hilfe herkriegen soll. Es ist keine Menschenseele zu sehen."

„Könnest du nicht Bauer Hansemann anrufen, wo wir unsere Eier immer kaufen? Der hat einen Traktor", schlug ich vor.

„Das ist mir peinlich, dem armen Mann das zuzumuten", meinte Peter.

„Was heißt peinlich? Wollt ihr im Auto übernachten? Ich gebe dir die Telefonnummer", bestimmte ich.

Kaum hatte ich wenig später den Hörer aufgelegt, klingelte das Telefon erneut.

Es war wieder mein Mann.

„Herr Hansemann ist unterwegs. Er zieht uns raus. In einer halben Stunde sind wir da. Kannst schon mal das Essen richten, deine Söhne sind ausgehungert."

Inzwischen war es halb sieben geworden. Ich deckte den Tisch, hübsch wie immer. In der Mikrowelle taute ich einige Scheiben Bratfisch auf. Ich war in

Hochstimmung. Meine Kinder waren gekommen, trotz der bedrohlichen Wetterlage.

Als ich sie später im Arm hielt, weinte ich vor Glück. Alle Sorgen waren vergessen.

Kerzen brannten, und der Weihnachtsbaum strahlte. Wir saßen gemütlich beim Abendessen und hatten uns viel zu erzählen.

Marc klopfte an sein Glas. „Sara und ich haben eine Neuigkeit für euch."

Wir schauten ihn gespannt an.

„Ihr werdet Großeltern! Nächstes Jahr zu Weihnachten sind wir zu dritt!"

Ich konnte es kaum fassen und umarmte die beiden. Auch Peter war gerührt.

„Das wurde auch mal Zeit", sagte ich glücklich. „Wir haben lange darauf gewartet."

„Schade, dass ihr so weit weg wohnt", meinte unsere Schwiegertochter.

Peter nickte mir zu. Wir wollten unsere Überraschung nun auch nicht länger geheim halten.

„Wir haben euch auch etwas mitzuteilen." Ich hielt einen Moment inne. „Wir werden im nächsten Jahr zurückkommen nach Hessen, in eure Nähe. Dann können wir uns sehen, wann immer wir wollen."

Jetzt waren sie es, die uns freudig umarmten.

Es wurde ein wunderschöner, harmonischer Heiligabend. Das Kaminfeuer flackerte. Jeder von uns erhielt ein kleines Geschenk. Während wir gemütlich im warmen Zimmer saßen, tobte draußen der Wind und wirbelte den Schnee durch die kalte Heilige Nacht.

Klaus Weyers

ORIGINAL DRESDNER CHRISTSTOLLE

Wie der Name der sächsischen Backware be-
sagt, sollte diese rosinendurchsetzte, duften-
de Köstlichkeit zum Christfest unter dem Weihnachtsbaum liegen und dann in weihnachtlicher
Fest- und Feierstimmung gegessen werden. Unsere
heutigen Gebräuche sind da anders. Schon im Oktober stapelt sich die Christstolle in den Lebens-
mittelabteilungen der Warenhäuser zu fast schon
bedrohlichen Türmen. Wir haben kein Gespür
mehr für Jahreszeiten und Feierkreise im Laufe
der Monate. Da kann man auch gleich Ostereier
am Fest der Heiligen Drei Könige verkaufen und
die Martinsgans zu Fasching in den Ofen schieben
sowie den Weihnachtsmann am Ersten Mai, dem
internationalen Tag der Arbeit, auftreten lassen.
Lassen wir dieses merkwürdige Kapitel unserer etwas durcheinandergeratenen Kulturgeschichte.
Wenden wir uns genau zum richtigen Termin,
nämlich Weihnachten, dem Dresdner Edelgebäck
zu, aber nicht ohne dabei ein wenig über dieses

aufregende Fest der Geburt Christi nachzudenken. Mir fiel beim Nachdenken etwas auf: Wenn wir von Gottvater den Auftrag erhalten hätten, die Welt wieder in Ordnung zu bringen, hätten wir es ganz anders angefangen. Bei einem solchen gewaltigen Unternehmen wie der Erlösung des kompletten Kosmos hätte sich unser Herr von einer Public-Relations-Agentur beraten lassen sollen. Es ahnt doch kein Mensch, dass in einem schiefen Bretterschuppen bei Betlehem irgendetwas Aufregendes passiert. Unser tapferer Kirchenchor singt in der Heiligen Nacht das Transeamus. Da hört die in Andacht lauschende Gemeinde, dass Jesus „in praesepio" gelegen habe, als die Hirten kamen: „positum in praesepio". So steht es beim Evangelisten Lukas. Das klingt friedlich, sehr lieblich und gut. Aber es ist keineswegs lieblich. Denn das lateinische Wort praesepe heißt auf Deutsch Bretterverschlag und hat dazu noch in seiner Originalsprache einen verächtlichen Beiklang. Es kann nämlich auch heißen: liederliches Haus. Das hört sich überhaupt nicht gut an. Jesus ist nicht in einem gepflegten Rinderaufzuchtstall oder in einer hübschen Datsche geboren, sondern in einer zusammengeschusterten Bretterbude. Der griechische Originaltext des Neuen Testaments berichtet, Jesus habe in einer „Fatne" gelegen. Das ist laut griechischem Wörterbuch ein „ausgehöhlter, hölzerner Trog mit Fächern, worin den Pferden und dem Rindvieh das Futter vorgesetzt wird".

Alles in allem war das Ganze eine Krisensituation härtesten Ausmaßes. Was der Heiligen Familie dort als Verpflegung zur Verfügung stand, wird nicht viel gewesen sein. Sicher ist eins: Dresdner Christstolle gab es nicht. Niemand kann vermuten, in einem solchen armseligen Bretterverschlag und in einer solchen notvollen Situation werde zwischen einem Ochsen und einem Esel Heilsgeschichte gemacht, Weltgeschichte vom Kopf auf die Füße gestellt und Friede in das Chaos unserer verdrehten Welt gebracht. Wer soll schon wissen können, dass Jesus Christus hinter den schiefen, ungestrichenen und in ungeölten Angeln schrecklich quietschenden Stalltüren seinen Weg zu uns, für uns und mit uns beginnt. Mit ein paar ganzseitigen Anzeigen in den großen Zeitungen der Welt wäre das ganz anders gelaufen. Ein paar dicke Sponsoren hätten sich engagiert und die Spende von der Steuer abgesetzt. Eine gezielte, gut vorbereitete Talkshow, eine Webadresse: „www.krippe.holy-night.de" und sofort hätte der Informationsprozess in Sachen Welterlösung die wesentlichsten Kreise von Politik und Wirtschaft, die Chefetagen der Konzerne, die Parteibüros der Roten und Grünen und Andersfarbenen, die Tourismusindustrie und die Bischöflichen Ordinariate erreicht samt den Fachgeschäften für liturgi-

sche Gewandungen und Weihrauch. Doch das Fest
der Geburt Christi findet nicht im virtuellen Raum
des Internets statt. Die Geburt des Herrn geschieht
nicht in den mehr oder weniger geschmackvollen
Schaufenstern der großen Einkaufszentren.

Gott kommt immer von einer Seite, von der her wir
es nicht vermuten oder erwarten. Glaube ist kein
Artikel der Versandwarenhäuser. Hirten und Schafe, Könige und Kamele mussten sich erst einmal
auf die Suche machen ohne die Hilfe von dicken
Warenhauskatalogen. Ich denke mir, dass ich gerade zu Weihnachten meine Suchorgane besonders
sensibel einzusetzen habe, um mich nach dem Kind
umzusehen. Ich muss nach ihm schnuppern, nach
ihm tasten. Ich muss die Feinfühligkeit des Augen-
blicks erlernen. Dann wird Gott es mir schenken,
seinen Sohn in den unmöglichsten Situationen zwischen Bergen von Dresdner Christstolle oder im
Lärm des Bahnhofs Zoo oder in den Dunstwolken
von Bratwurst und diversen Sorten Glühwein mit
Schmalzstulle auf dem Weihnachtsmarkt am Alex
zu erspüren. Vielleicht wird Jesus mir fröhlich zu-
lächeln, wenn ich in dieses Dresdner Weihnachts-
spezialgebäck beiße.

Wenn unsere Eltern uns in den längst vergangenen
Kriegs- und Hungerjahren gefragt hätten, was wir
uns zu Weihnachten wünschten, hätten wir liebend
gerne sehr laut gesagt: Dresdner Stolle. Unsere El-

tern würden uns ebenso gerne damit bis zum Geht-nichtmehr gefüttert haben. Die Schwierigkeit lag nur darin, dass ein gewisser Hitler, Adolf gerade eben seinen Endsieg um einige Haaresbreiten verpasst hatte. So lag die Ursprungsstadt der Christstolle total in Trümmern.

Heute brauche ich mir diese Backware nicht mehr zu wünschen, es gibt sie tonnenweise. Die Dresdner Stolle hat Krieg und Sozialismus überstanden. Da sind wir bei dem Problem, was ich mir heutzutage zum Fest wünschen soll. Es gibt ja alles, sofern die Euros reichen, jedenfalls wenn es um das Materielle geht. Vielleicht wäre einer meiner nicht materiellen Weihnachtswünsche, dass es in diesen Tagen ein wenig Stille gibt, um auf die Krippe zu schauen. Ein Weihnachtsfest mit dem weihnachtslieder-sangeskräftigen Familienvorsteher Peter und seiner klavierspielenden Gattin Tony kann ich mir nicht mehr wünschen. Die beiden feiern schon am himmlischen Originalort das Originalweihnachtsfest mit den Originalpersonen. Ob es da auch himmlische Dresdner Stolle gibt, konnte mir der Vatikan noch nicht mitteilen. Da müssen wir weitere Forschungsergebnisse kluger Theologieprofessoren abwarten. Im Himmel werden wir es mit Sicherheit erfahren, wenn es uns dann noch interessiert.

Bei uns am Niederrhein gab es keine Dresdner Christstolle. Das lag an den Weihnachtsgebräuchen, die im evangelischen Sachsen sehr viel anders sein können als am katholischen Niederrhein. Und es lag am schlimmen Krieg mit seinem Ersatzkaffee, Kunsthonig und Wurstersatzbrotaufstrich. Also ist meine Erinnerung an die heimatliche Weihnacht geprägt von den spezialedelstahlgehärteten Plätzchen, mit denen Mama und Papa den Baum behangen hatten. Papa brauchte viel Leiter zu halsbrecherischen Aktionen, weil er nach oben hin sehr klein war. Aber er liebte große Christbäume. Wenn die Spitze erst einmal ganz oben auf dem Baum war, konnte Mama den ärztlichen Unfallbereitschaftsdienst wieder abbestellen. Am zweiten Februar durften diese kiegsharten, zementähnlichen Backwaren abgegessen werden, nachdem wir sie mit Hammer, Axt und Säge zu zerkleinern versucht hatten. Denn ein Zahnarzt für die ganze weihnachtsbetonplätzchengeschädigte Familie war von den paar Groschen des väterlichen Verdienstes nicht zu bezahlen.

Unsere Oma, in deren Haus wir als Untermieter meist friedvoll wohnten, hatte damals schon Brillengläser von der Dicke eines Einweckglasdeckels. Da sie kaum etwas sehen konnte, trat unsere Ahne aus Versehen auf die neuen Weihnachtsgeschenke. Das waren Spielzeugsoldaten, schön in Feldgrau mit Stahlhelm, Gewehr und Brotbeutel, liegend, stehend, laufend und schießend sowie fallend.

Omas Fehltritte auf diese kriegerische Armee waren wohl ein Zeichen des Himmels. Spielzeugsoldaten und Waffen sind das perverseste Geschenk, das zum Fest der Geburt des Friedensfürsten unter dem Weihnachtsbaum liegen kann.

Das schrecklichste und verdrehteste Weihnachtslied ist jenes mit dem Text vom Weihnachtsmann, der morgen kommt. Sein Auftrag ist laut den Worten des angeblichen Weihnachtsliedes, Trommel, Pfeifen und Gewehr, Fahn' und Säbel und noch mehr, ja ein ganzes Kriegesheer zu bringen. Wie kann man auf die verrückte Idee kommen, Friede sei mit Gewehr und Kriegsheer zu bringen? Offensichtlich ist das auch heute noch, in unserem angeblich so aufgeklärten und fortschrittlichen einundzwanzigsten Jahrhundert möglich. Der Unterschied besteht nur darin, dass es diesmal nicht mit Gewehr, sondern mit Raketen und B-52 probiert wird. Es ist mir unerklärlich, wie man mit höchstperfektionierter Elektronik der Waffensysteme Länder und Völker befrieden will. Vielleicht wird es dann so etwas wie Frieden in einer Friedhofslandschaft. Wer sich zum Friedensbringer hochstilisiert, muss wissen, was er da tut.

Wer von sich aus entscheidet, dass alle friedlichen Mittel, die das Völkerrecht zur Verfügung hat, ausgeschöpft seien, nimmt eine große Verantwortung vor Gott, seinem Gewissen und der Geschichte auf sich. Man kann nicht einen Brand löschen, indem man Feuer anmacht. Ich weiß nicht, was sich der Dichter und Erfinder des Deutschlandliedes, Hoffmann von Fallersleben, im Jahre 1839 dabei gedacht hat, als er Weihnachten als Fest des göttlichen Friedens mit Trommeln, Pfeifen und Gewehr, Fahn' und Säbel und noch mehr aufrüstete. Schließlich war auch um 1848 ein General kein Friedensengel, ein Schießgewehr keine Hirtenflöte oder Friedensschalmei, eine Kanonenkugel kein Weihnachtsgebäck, ein Stahlhelm kein Brautkranz und ein Sarg keine Krippe. Niemand wird in weihnachtlicher Feststimmung behaupten können, eine brennende Ölquelle sei dasselbe wie ein friedliches Hirtenfeuer in Betlehem. Keiner soll sich wahnsinnigerweise einbilden wollen, man müsse alle Häuser zusammenschlagen, damit sie dem Stall von Betlehem ähnlich würden. Es ist wohl auch ein grandioses Missverständnis zu glauben, irgendein Volk könne einen göttlichen Hinweis erhalten haben, es solle ein anderes Volk mit Waffengewalt befreien.

Wir haben die geist-seelenlose Infamie dieses Liedes erst richtig begriffen, als es in unserem Haus keine Weihnachtsstolle mehr geben konnte. Nachdem sich der Qualm der Luftminen verzogen hatte, war nämlich kein Elternhaus mehr da, das um einen Familienweihnachtsbaum hätte herumstehen können. Es war auch keine Kirche mehr da, in der

die Weihnachtsmesse hätte gefeiert werden können, und kein Bäckerladen, der Dresdner Weihnachtsstolle auf Lebensmittelkarte anbieten konnte. Den Ständer für den Weihnachtsbaum hatten
wir aber damals merkwürdigerweise aus der Kata-
strophe gerettet. Er hat noch vielen Weihnachtsbäu-
men Standhaftigkeit verliehen, bis wir zum Einzug
unserer Mutter in das Seniorenheim den Haushalt
in alle Winde und Entsorgungsformen zerstreuen
mussten.

Ich habe im Leben dann lernen müssen, dass vor
der Weihnachtsstolle das Abenteuer des Einstielens
diverser Weihnachtsbäume zu bewältigen ist. Das
geht von den Ministändern für Kleinwohnzimmer-
ecken-Tannenbäumchen bis zu gewaltigen, von
Zimmermännern gewerkelten Anlagen für Ma-
ximalweihnachtsbäume, die von sechs und mehr
kräftigen Männern in der Kirche emporgewuchtet
werden müssen. Vor den Erfolg haben die Götter
den Schweiß gestellt. Unser sanfter und fröhlicher
Vater konnte beim Einstielen der Weihnachtstanne
in Zustände geraten, die sehr an den Ausbruch des
Vesuvs erinnerten. Beim Aufhängen des Lamettas
war aber schon wieder himmelähnlicher Friede.
Wenn ich den Baum aufstellte, litt oft nicht nur der
Weihnachtsbaum an meiner Ungeschicklichkeit,
sondern auch meine höchsteigene Hand. Sie war
dann mit Weihnachtsbaumschrammen und Tan-

nenbaumblessuren verziert wie der Baum selbst mit Kugeln und Sternen. Wie die Väter, so die Söhne. Dafür schmeckt das Dresdner Spezialgebäck dann umso besser, aber erst nachher, nicht vorher.

In unseren Tagen gibt es wieder Häuser und Weihnachtsbäume und Pappteller mit Süßigkeiten und Berge von Geschenken, die nach Weihnachten wieder umgetauscht werden können. Bleibt die Frage, ob wir wenigstens auch einen Hauch vom Betlehemsfrieden in unseren Weihnachtsstuben spüren. Mir hilft zu diesem Weihnachtsfrieden die Stunde, in der ich die Krippe aufbaue. Die besitzt inzwischen als Assistenzfiguren einen Fuchs mit einer gestohlenen Gans in der Schnauze, die er zur Krippe schleppt. Dazu kommen eine niedliche Maus, ein Schweinchen und ein wunderbares Kamel mit drei königlichen Weisen aus dem Morgenland. Dann finden sich ein Bündel Heu und vier Elefanten, die eigentlich nicht in den Stil der Altöttinger Krippe passen. Sie sind viel zu klein im Maßstab. Das macht nichts. Im Himmel werden wir feststellen, dass vieles auch in unseren Tagen und in unserem Land an der Krippe war, von dem wir als geübte Berufskatholiken nie gedacht haben, dass es dahinpasst. In der Barockkirche von Neuzelle haben wir einmal aus Spaß an der Freude mit Puppenmöbeln eine ganz kleine Küche in die Krippe eingebaut. Die sah niedlich aus mit Töpfen und Gemüsekörben und Küchenmessern und kleinen Kohlköpfen. Der Küchenherd war aus Mauersteinen. Die Gottesmutter Maria muss doch schließlich irgendwo kochen können. Oder hat Josef gekocht? Wenn ja, hat er gut gekocht, und vor allem: hatte er etwas zu kochen? Als unser menschenfreundlicher, aber etwas penibler zuständiger Ortspfarrer diese Krippeneinbauküche entdeckte, fand er, das sei doch wirklich zu albern und zu viel. Wir konnten diesem Schicksalsschlag nicht ausweichen und mussten zum Schaden von Maria und Josef die Krippenküche wieder demontieren, worauf die Kinder der Gemeinde protestierten, ehe sie wieder zu ihrer Dresdner Weihnachtsstolle zurückkehrten. Aber vorher sangen wir noch mit den Kindern das alte nachdenklich-staunende Weihnachtslied von dem Stall, in dem gar so kalt der Wind weht. Da heißt es dann: „O Kindelein, von Herzen dich will ich lieben sehr, in Freuden und in Schmerzen, je länger mehr und mehr". Das ist nun eine eigene Art von Gewissenserforschung vor der Krippe, die mir Magenschmerzen bereitet. Liebe ich das Christkind je länger mehr und mehr? Oder liebe ich es leider je länger weniger und weniger?

Am Ende dieser Weihnachtsstollenüberlegungen bleibt die Frage, was ich zum nächsten Christfest meinem Nächsten schenke. Ich sollte die Krippe als Maß für meine Weihnachtsaktionen nehmen. Die ersten Geschenke an der Krippe waren unserem Informationsstand nach Schafskäse und Ziegenmilch. Die besseren Sachen wie Gold, Weihrauch und Myrrhe kamen erst später, weil die Kamele Verspätung hatten. Milch und Käse wurden also zuerst gebracht, und zwar in der wundersamen Verpackung der Liebe. Schafskäse und Ziegenmilch mit Liebe hört sich für einen verwöhnten Mitteleuropäer nach sehr wenig an. Aber es ist unvergleichlich mehr als ein Mercedes für 75.300 Euro ohne Liebe.

Ein Stück Dresdner Christstolle mit Liebe ist viel mehr als ein Wohnzimmerteppich aus Verlegenheit geschenkt. Käse, Milch und Stolle mit Liebe haben dazu noch einen unschätzbaren Vorteil. Man braucht nach Weihnachten mit ihnen keine Umtauschaktion zu starten. Denn Liebe kann man nicht umtauschen. Man muss es auch nicht.

Sára Rietz

DAS LETZTE MAL

Nie wieder erlebte ich Weihnachten in solch erhabener Feierstimmung wie in meiner Kindheit in meinem Heimatland Ungarn. Die Erinnerungen an die am Heiligabend durchgeführten Krippenspiele nebst ihrer Vorbereitung sind mir im Gedächtnis so tief eingraviert, dass die rennenden Jahre durchaus nicht fähig waren, sie von dort zu entfernen. Voller Sehnsucht und Ungeduld warteten wir, Kinder und Erwachsene, wenn die Glöckchen der Sängergruppe vor unserem Haus feierlich erklingen sollten. Die Bilder von damals habe ich heute noch unvergesslich vor meinem geistigen Auge.

Ein Junge von fünfzehn Jahren trat, als Engel in Weiß gekleidet, mit einem Schwert in der Hand ins Zimmer. Nach der vorgeschriebenen Begrüßung bat er um Erlaubnis, mit seinem Gefolge das Christkind loben und preisen zu dürfen. Selbstverständlich war es ihnen erlaubt. Niemand verweigerte es ihnen, denn sie waren überall gern gesehene Gäste.

Die Tür ging weit auf, und zwei Jungen, ebenfalls in leinenen Engelröcken, traten freundlich lächelnd ein. Sie stellten die von ihnen getragene und hell beleuchtete kirchenförmige Krippe auf den Tisch und blieben seitlich links und rechts stehen, während der erste Engel mit dem schräg zur Krippe gehaltenen Schwert in der Mitte stand.

Still und erwartungsvoll schauten die Mitglieder der Familie, Kleine und Große, auf sie und hörten ihrem Gesang andächtig zu.

Hin und wieder läuteten die Glöckchen. Ihre Töne mischten sich fein in die Harmonie des Lobgesanges:

„Gloria für Gott in der Höhe, Friede den Menschen auf der Erde ..."

Nach dem Ausklingen dieser Melodie sprach der erste Engel die einladenden Verse „Könige, Könige, kommt herein", und stellte sich rechts neben den anderen. Dann lehnte er mit einer leichten Handbewegung das Schwert an die Schulter. In gleicher Art hielten die drei Könige beim Eintreten ihre Schwerter in der Hand und stellten sich zu den Engeln links und rechts so hin, dass ein schönes Spalier zur Krippe entstand. Sie schauten sich gegenseitig an. Gemeinsam sangen sie die Lieder, in denen die überlieferte Geschichte der Geburt des Christkindes ausführlich dargestellt wurde. Huldigend wirkte die nächste Szene, als der erste Engel und die drei Könige auf ihr rechtes Knie knieten, die Schwerter gekreuzt hielten und sie dem Liedtext entsprechend von Zeit zu Zeit im Takt klangvoll zusammenschlugen.

Auf einmal, wie auf Kommando, standen sie dann auf und beendeten würdevoll ihre mehr als halbstündige Darbietung. Zur Danksagung stellte sich der erste Engel wieder in die Mitte mit derselben Körperhaltung wie am Anfang, und mit einem Gebet schloss das Krippenspiel ab. Für ihre Vortragskunst erhielten sie Spenden von den Gastgebern, während die Kinder der Familie die Einrichtung der Krippe zur Freude der Sänger bewunderten. Beim Fortgehen wünschten sie im Gesang Gottes Segen für die Familie.

Diese Form, Weihnachten zu feiern, wurde von Generation zu Generation weitergegeben. Unser Kulturerbe war das. Traditionsgemäß begannen wir schon Mitte November mit den Vorbereitungen, um den Heiligabend der religiösen Sitte entsprechend zu würdigen. Es fing damit an, dass meine Brüder, Feri und Jani, und ihre vier Freunde das von meinem Vater angefertigte massive Holzgerippe einer zweitürmigen Kirche wieder als Krippe herrichten sollten. Um dieses Ziel zu erreichen, kamen die Kameraden jeden Abend zu uns, setzten sich an den Tisch und bastelten fleißig. Das war für sie nicht leicht, dennoch nahmen sie diese Mühsal jedes Jahr mit beständiger Ausdauer und Begeisterung auf sich.

So geschah es auch 1950, als die eisige Atmosphäre der gottlos gewordenen Welt im Land nichts Gutes zu bringen versprach. Trotz alledem setzten sie ihr Vorhaben unbeirrt und zielbewusst fort. Zunächst entfernten sie gründlich die staubigen und brüchig gewordenen Wände der Kirche. Nachdem sie das Gerippe gesäubert hatten, beklebten sie es sorgfältig neu mit in Speiseöl getränktem Papier als Pergamentersatz, wodurch wieder glatte, durchsichtige Wände entstanden. Die Kuppel und die Türme bemalten sie nach der Trocknung mit ziegelroter Farbe. Sie schmückten dann die Turmspitzen mit den goldglanzpapierbezogenen Kreuzen. Nur mühselig und langwierig konnten sie diese Arbeitsgänge fortführen, denn zwischendurch musste alles trocknen. An den folgenden Abenden begannen sie mit der Verschönerung der Wände. Diese beklebten sie sehr vorsichtig mit aus goldfarbenem Glanzpapier geschnittenen kleineren und größeren Sternen, Mond, Sonne mit Strahlen und Kometen mit Schweifen. Über der Tür der Krippe leuchtete ein Weihnachtsstern. So verschönert, zeigte diese 40 cm breite, 60 cm lange und 50 cm hohe Kirche, die von ihren schlanken Türmen noch um 30 cm überragt wurde, ein sehenswürdiges Kunstwerk. Es war aber noch nicht ganz vollkommen. Etwas fehlte noch.

Das Entzücken und Jubeln meiner Brüder und ihrer Freunde waren unübertrefflich, als an einem Abend unsere Großmutter viele hübsche, aus Ton selbst hergestellte Figuren für die Ausstattung der Krippe mitbrachte, um die rissig gewordenen oder zu Staub zerfallenen Vorjahresfiguren zu ersetzen. Sie war künstlerisch begabt und hatte Geduld, für ihre Enkelkinder und deren Freunde diese wichtige Aufgabe für den bevorstehenden feierlichen Anlass zu übernehmen. Diese Vielzahl von Figuren formen, trocknen, bemalen und die kleinen Tiere mit Wolle bekleiden kostete den ganzen Sommer und Herbst.

Die Freude steigerte sich bei allen, als die neuen Figuren nacheinander in der Krippe sorgfältig verteilt und angeklebt wurden. In der Mitte im hinteren Teil lag das Christkind auf einem Heubett, links und rechts von ihm standen Maria und Joseph. Vor der heiligen Familie huldigten die drei Könige mit geneigten Häuptern. An beiden Seiten knieten die Hirten; ihre Tiere, die wärmenden Lämmer, wurden in der Nähe des Christkindes hingestellt. Engel, kleinere und größere, knieten oder standen ringsum.

Mein Vater fertigte die Beleuchtung an. Er baute eine winzige elektrische Lampe ein, die in der Mitte vom Dach herabhing und mit einer innen bei der Tür versteckten Batterie ein- und ausgeschaltet werden konnte. Das Werk war komplett. Erleichtert atmeten die Jungen auf, denn der Hauptteil der Arbeit war getan.

Feri und Jani hatten die Ehre, die Kirche mit den an der Bodenplatte links und rechts angebrachten Tragegriffen zu heben, zwei Schritte zu gehen und sie vorerst auf die abgeräumte Kommode zu stellen. Dabei begannen sie zusammen mit ihren Freunden, die ersten Strophen des dazu passenden Weihnachtsgesanges neu einzuüben. Die Texte der langen Lieder und ihre Reihenfolge mussten sie genau wissen und die unterschiedlichen Melodien dazu so beherrschen, als sängen sie mit einer Stimme. Dazu brauchten sie nicht nur Hilfe, die sie von meiner Mutter erhielten, sondern auch Disziplin und Zeit. Ja, Zeit, die bis zum Heiligabend immer weniger wurde. Und sie hatten noch viel zu tun.

Die sechs Jungen, die diese Krippe am Heiligabend im Ort von Haus zu Haus in der Rolle von Engeln und Königen begleiten wollten, benötigten noch, um ihre Mützen zu verbergen, jeder für sich, einen passenden Kopfschmuck. Das zu schaffen war zeitaufwendig. Sie schnitten dazu 30 cm breit steifen Pappkarton aus, den sie zu einem Zylinder formten, sorgsam mit Glanzpapier in verschiedenen Farben bezogen, mit Motiven des Himmels beklebten und mit schmalen Streifen aus Glanzpapier, die vom Rand lose herabhingen, verschönerten. Zur Vollendung brachten die Jungen über dem Zylinder aus dem gleichen Material zwei breite Streifen, in hohen Bögen geformt und übereinander gekreuzt, an. Im Mittelpunkt befestigten sie ein goldglänzendes Kreuz. Sie probierten den fertigen Kopfschmuck öfter glücklich an, wobei der Eindruck entstand, als hätten sie eine fast echte Königskrone getragen. Weiße Röcke und weiße Hemden über ihrer warmen Kleidung machten die Wirkung samt Gürtel, Schwert und Glöckchen komplett.

So feierlich angezogen, durften sie Heiligabend bei zahlreichen Familien die Geburt des Christkindes preisen und ehren und für die Menschen Freude und Hoffnung bringen. Das war ihr Vorhaben, das war ihr Ziel. Bis zu ihrem Auftreten mussten sie noch die Bewegungen und auch die Melodien der Lieder üben. Mit einer bewundernswerten Ausdauer wiederholten sie vielmals die Szenen einzeln und zusammen, bis alles perfekt lief. Jedes Jahr am 24. Dezember gingen die Sänger schon in den Nachmittagsstunden los und besuchten viele Menschen im Ort, nicht nur Bekannte und Verwandte.

Nachdem die Kirchenglocken zur Mitternachtsmette geläutet hatten, nahmen alle Gruppen die Richtung zum Gottesdienst, um den Heiligabend im Sinne der christlichen Religion zu beenden.

So sollte es auch 1950 geschehen. Keine einzige Sängergruppe mit Krippe erschien in jenem Jahr in der Kirche. Auch meine Brüder und ihre Freunde konnten ihre wieder zur Vollkommenheit gebastelte Krippe nicht wie früher vor den Altar stellen. Unterwegs zur Mette, die Glocken läuteten noch, wurden sie an einer dunklen Straßenecke von rüpelhaften Jugendlichen feindlich und brutal angegriffen. Die Angreifer waren in der Mehrzahl und forderten, die erhaltenen Spenden ihnen abzugeben. Das war der Vorwand.

So erzählten es uns meine Brüder, als sie in den Spätstunden ohne Kopfschmuck, mit gerissener, beschmutzter Kleidung traurig und weinend heimkehrten.

„So etwas Schreckliches haben wir bis jetzt nie erlebt", klagten sie erschüttert. Kein Auge blieb trocken, als wir die Ruine der Krippe mit den abgebrochenen Türmen, eingeschlagenen Dächern und Wänden und die zerstörten Figuren, diese Reste der Vernichtung, erblickten. Einzig und allein die Grundplatte blieb unversehrt.

„Wir konnten nichts retten", flüsterte Jani heiser, während bittere Tränen an seinem Gesicht herabrannen.

„Grausam war das", schluchzte Feri untröstlich mit.

Niedergeschlagen, in Stimmung tiefer Trauer standen wir alle, Großmutter, Eltern und Kinder, um den Tisch, auf dem uns die vernichtete Krippe wie ein Sarg vorkam. Ein Sarg, in dem unsere katholische Tradition, unsere christliche Kultur, aufgebahrt war. Niemals mehr erlebten wir Weihnachten mit solchem wunderschönen Krippenspiel, niemals mehr hörten wir die Töne der Glöckchen in unserer Nähe, niemals mehr warteten wir darauf, dass ein Jüngling als Engel mit der Bitte in unser Zimmer tritt, das kleine Jesuskind lobpreisen zu dürfen. Es war eine schmerzhafte Abschiednahme von der sehr alten und gepflegten Sitte. Für Trost fanden wir im eiskalten Wind des Atheismus keinen Raum, keine wärmenden Worte; nur insgeheim erhofften wir, in Schweigen gehüllt, ihre Rückkehr, ihre Auferstehung.

Elli Michler

EINE WAHRE
WEIHNACHTSGESCHICHTE

Ein Weihnachtserlebnis besonderer Art brachte das Jahr 1957. Die Menschen hatten damals noch Wünsche, denn Wohlstand gab es längst noch nicht überall.

Ich war froh, ein paar kleine, praktische Dinge für die ganze Familie erstanden zu haben, als zum Schluss des vorweihnachtlichen Einkaufsbummels mein Blick auf die Auslage eines Juweliergeschäfts fiel.

Mit einem wehmütigen Seufzer trennte ich mich vom verlockenden Anblick einer wunderschönen Krawattennadel, mit der ich meinen Mann so gerne überrascht hätte. Aber für derartigen Luxus war das Geld damals ja noch viel zu knapp. Stattdessen suchte ich in den folgenden Tagen nach einer Idee, um den Gabentisch mit einem Geschenk zu bereichern, das keinerlei Kosten verursachen würde. So erfand ich schließlich den „Gutschein für ein Lächeln". Das ganze Jahr hindurch sollte ihn mir mein Mann präsentieren dürfen: Immer wenn durch Ungeduld, Nervosität oder Uneinigkeit Gefahr für die Liebe drohen würde, immer wenn ich müde, traurig oder unzufrieden wäre, sollte er dieses Lächeln von mir sich einfordern können. Es würde dann alles wieder ins Reine bringen. Auf diese Weise würde der Weihnachtsfriede noch weit in das Jahr hineinleuchten können für ihn und für mich.

Von dieser schönen Idee war ich so begeistert, dass ich sie als Geschenk-Tipp an eine Frauen-Zeitschrift schickte und dafür zwanzig damals hochwillkommene Mark als Honorar erhielt.

Aber die eigentliche große Überraschung traf erst zu Weihnachten ein: ein kleines, liebevoll verpacktes Päckchen, vermittelt durch die Redaktion der Zeitschrift, von einer Leserin, die anonym bleiben wollte. Beim Öffnen in gespannter Erwartung konnte ich kaum fassen, was ich da sehen durfte: Ein kostbares Schmuckstück glänzte mir entgegen. Und auf dem beigefügten Zettel stand zu lesen: „Dies ist die Krawattennadel meines im Krieg gefallenen Mannes. Ich wüsste niemanden, bei dem sie besser aufgehoben wäre als bei Ihnen."

So kam es in diesem Jahr für uns zu einem besonders schönen Weihnachtsabend. Und was auf dem Gabentisch funkelte, rührte nicht nur vom golde-

nen Glanz des Schmuckstücks her, sondern vor allem von dem warmen Schimmer der Menschlich-
keit, die zu allen Zeiten den eigentlichen Sinn des
Weihnachtsfestes ausmacht.

Karl Krolow

EINE WEIHNACHTSERINNERUNG,
DIE ICH NICHT VERGASS

Denke ich an Weihnachten in den Jahren meiner Kindheit, so verbinde ich solche Erinnerung mit der Erinnerung an Landschaft. Fast immer haben Augenblicke in mich umgebender niederdeutscher Landschaft die Weihnachtszeit mit beeinflusst. Meine Eltern, besonders mein Vater, erzogen mich früh zu derartigem natürlichen Verhältnis in meiner keineswegs ländlichen Umwelt, denn ich wuchs am Rande einer Großstadt auf. Das unregelmäßige und eigentlich unschöne Terrain, das begann, wo die letzten Neubauten aufhörten und sich saure Wiesen hinzogen, Gärtnereien und die Anwesen einiger Gemüsebauern, Schrebergärtensiedlungen, ehe das erste Waldstück sichtbar wurde, ehe der wichtige Wald meiner jungen Jahre, der hannoversche Stadtwald, die Eilenriede, begann. Diese Eilenriede, die sich halbkreisförmig um die Stadt zog, war damals noch ein richtiger Forst oder gab mir doch als Buben diese Illusion, wenn man vom Felde her auf sie zukam. Dann war das Wald-Massiv, die Mischwald-Fläche – besonders bei unsichtigem Wetter – etwas mich mächtig Anziehendes, eine dunkle Wildnis.

Ich kannte den Wald zu jeder Jahreszeit. Im Grunde war die Entfernung zwischen meinem Elternhaus und ihm gering, vielleicht zwanzig Minuten weit, und nur die dazwischen liegenden, verstreuten Gehöfte, das von Geometern bereits abgemessene Gebiet zwischen ausfallender und dann jäh im Feldstück endender städtischer Straße, zwischen dem Ende der Wohnstraße und dem eigentlichen Wiesengrün und Ackerbraun, unterbrach die Vorstellung, dass der Wald eigentlich recht schnell erreichbar sein müsse. Das beiläufige und durch die Witterung so oft trist verhängte Übergangsgebiet, in dem ich mich bewegte und in dem ich mich rasch auskannte als einem idealen Spielgelände, machte den großen Flächenwald dann für mich um so begehrenswerter, in dessen Randbezirken wir Kinder unsere persönlichen Verstecke anlegten, die wir nie verrieten und schon gar nicht mit jemandem teilen würden. Zufluchten im dichten, grünen Unterholz, in das wir uns mit unserer Fantasie zurückzogen.

Im Eilenriedewald floss in seinem Südteil, entlang der nach Hildesheim führenden Bahnlinie, ein Rinnsal, ein verkrauteter Wassergraben, der an einer bestimmten Stelle seines Verlaufes unter einer Waldchaussee weitergeführt wurde. Der massiv gemauerte Eingang zu dieser Unterführung, bogenartig angelegt, glich dem Eingang zu einer Art Wald-Unterwelt, zu einem grünen, dichten Hades. Wie hier das träge Wasser verschwand, um erst sehr viel später an einer von hier aus nicht einzusehenden Stelle wieder ans Licht zu treten, das war für uns Kinder immer mit einem Gefühl der Ungewissheit, des Bangens, der Beklemmung und der Neugier betrachtet worden. Im Winter fror die winzige Wasserfläche vor der Unterführung schnell zu. Man konnte auf ihr dann ein paar Schritte tun, wagte sich allerdings niemals fort ins Dunkle der unterirdischen Weiterführung.

Ich muss noch ein sehr kleiner Junge gewesen sein, als mir mein Vater in der Vorweihnachtszeit, als wir wieder einmal gemeinsam diesen Ort passierten, vom Eingang zur unterirdischen Grabenweiterführung als vom Eingang zur Höhle des Knechtes Ruprecht zu erzählen begann, sicherlich ganz beiläufig, wie es seine Art war und wie man einem Buben meines damaligen Alters vielleicht Landschaft spannend, abenteuerlich machen kann. Ruprechts Bereich, das mir der Vater als ein Schatzversteck mit allen den Gaben, die er zu Weihnachten dann den Kindern unter den Christbaum legen würde, zu schildern verstanden hatte, ließ mich zunächst vermutlich nichts als nachdenklich werden. Dieser

Höhleneingang – gerade an solcher Stelle – schien mir unbedingt glaubwürdig. Man musste sich hier unterirdisch wunderbar verstecken können, um dann im tiefen Höhleninneren ein ganzes Schatzlager anzulegen. Auf dieses Lager aber hatte ich es abgesehen. Die Vorstellung von den verborgenen Sachen ließ mich ganz offenbar nicht los. Weihnachten, das in jedem Jahr ungeduldig erwartete Fest, rückte näher mit dem unberechenbaren Dezember, unberechenbar mit dem Auf und Ab der niederdeutschen Witterung, die zwischen nassem, flüchtigem Schnee und Nebel- oder Regenwetter schwankte, bei ständig gehendem Wind, der aus der Ebene fegte und nirgends Widerstand fand.

Plötzlich gab es einen frühen Wintereinfall mit Frost und lange niedergehendem Schnee, einige Tage vor dem Fest. Die Schnee-Einsamkeit des Eilenriedewaldes, durch die mich mein Vater nun mit dem Schlitten zog, war überwältigend. Ein richtiger Märchenwald war entstanden, in dem der Schnee von den Ästen in die Augen stäubte, nachdem es sich endlich ausgeschneit hatte und alles in seiner weißen Pracht dalag. Wir kamen sicherlich auch an jenen Waldfleck, wo Ruprechts Höhle lag. Ich erinnere mich dessen nicht mehr genau. Genau dagegen weiß ich, dass es für mich – ausgerechnet am Vormittag des Heiligen Abends – kein Halten mehr gab. Meine Erwartungen waren wie meine Ungeduld auf das Höchste gespannt. Ich hatte Ruprechts Höhle nicht vergessen können, die jetzt sicherlich, mit dem vereisten Wasserloch davor, halb zugeschneit war, die vor allem auch für ein gewöhnliches Menschenkind, für mich, erreichbar, passierbar sein musste, nachdem das Grabenwasser wohl bis auf den Grund gefroren war. Auf einmal war ich auf dem Wege zu Ruprechts Reich, mit dem Schlitten, den ich hinter mir herzog, in einem günstigen Augenblick Haus, Straße und Spielgefährten verlassend. Die Neugier, das Abenteuer, meine Fantasie hatten mich überwältigt. An diesem kalten Wintervormittag, der schon fast Mittag war, war ich unversehens unterwegs, allein, wie es sich gehört, denn ich wollte das Geheimnis für mich allein haben. Ich wollte niemanden dabei haben, bei meiner Entdeckung. Ich war unerschrocken genug, nach alldem, was ich mir erhoffte, um das Wagnis allein auf mich zu nehmen. Ich weiß die Einzelheiten dieses Hinweges, des Hingezogenwerdens nicht mehr. Auf einmal fand ich mich jedenfalls an jener Waldstelle mit vereistem Krautgraben und an dieser Stelle merkwürdig dünner Schneedecke.

Hier angekommen, muss sich bei mir einiges verändert haben. Das Zeitgefühl muss ausgesetzt haben. Habe ich gezögert? – Habe ich – mit dem im Gebüsch schließlich abgestellten Schlitten – den Höhleneingang, nun doch vielleicht furchtsam geworden, immer langsamer und doch zugleich immer geduldiger, erwartungsvoller umkreist und eingekreist? Bin ich dabei allmählich ermüdet, ohne es zunächst zu merken, ohne es danach wahrhaben zu wollen? Meine Eltern haben mir später zuweilen erzählt, wie der Heilige Abend oder doch die Stunden vor diesem Abend verliefen: in quälender Unruhe, in Sorge um meinen Verbleib. Mein Verschwinden war bald bemerkt worden. Und als ich noch nicht heimgekommen war, als mein Vater vom Dienst und einem anschließenden Zusammensein mit Kollegen nach Hause zurückkehrte, war die Aufregung groß. Etwas musste geschehen. Die Zeit verstrich. Niemand wusste genau, wie lange ich fort war, weil ich – wie gesagt – mich unbeobachtet fortgestohlen hatte. Die Eltern überlegten ratlos, wohin ich mich gewendet haben könnte. Sie fragten die Spielkameraden aus. Niemand konnte Auskunft geben. Ich hatte niemanden eingeweiht, weil ich niemanden hatte bei mir haben wollen. Ich wollte allein das Abenteuer meiner Erwartungen, meiner kindlichen Weihnachtsneugier bestehen und hatte es inzwischen bekommen: Abenteuer des Alleinseins im eiskalten, einsamen Winterwald, bei allmählich, dann immer rascher sinkendem Tageslicht.

Was von diesen Heiligabend-Stunden im verschneiten Wald vor der Weihnachts-Höhle des Knecht

Ruprecht sich in meinem Gedächtnis erhalten hat, sind verwischte Kleinigkeiten: die Erinnerung an eine knisternde Schneestille, an vom Wind seufzendes Geäst, an eine kalte, von mir, meinen Gliedern, meinem Körpergefühl langsam Besitz ergreifende Einsamkeit, ein Abgeschnittensein, ein Leben in einem Zwischenbereich, mit aufkommender, dann wieder niedergekämpfter Angst, von Isolation und Fortsein von allem, von Mutlosigkeit, von einer merkwürdigen Verlorenheit und einem ebenso merkwürdigen Entzücken, während es um mich zu dämmern begann. Ich blieb gebannt. Ich konnte den verlorenen Waldort nicht aufgeben. Ich war unschlüssig. Ich wusste nicht weiter, vermutlich. Ich hatte das Wagnis nicht bestanden, war nicht in die Höhle eingedrungen, sondern hatte sie immer nur angestarrt, hatte vor ihr und ihrem Dunkel haltgemacht und hatte vergessen, was vorher war und was nachher kam.

Auf einmal sah ich mich in meiner Verlassenheit meinem Vater gegenüber. Er hatte sich mit einem Freund auf die Suche gemacht, hatte sich daran erinnert, was er mir von Knecht Ruprechts Versteck verheißen hatte, und hatte dann schnell geahnt, dass ich nur in oder vor ihm aufzufinden sein müsste. Die beiden jungen Männer waren verlegen und froh, als sie mich sahen. Mein Vater hatte mich richtig eingeschätzt. Er hatte nicht die Polizei verständigen müssen. Und nun musste er mich aus einem Traum hochreißen, den ich nur halb und ganz unvollkommen zu träumen begonnen hatte, an diesem Tage, den man den Heiligen Abend nennt: ein Traum, auf den ich später nicht habe zurückkommen brauchen. Ein Traum, auf den man niemals zurückkommen wird, weil er nicht wiederholbar ist.

Hanns Dieter Hüsch

DIE BESCHERUNG

Dass mir keiner ins Schlafzimmer kommt", alle Jahre wieder ertönt dieser obligatorische Imperativ, wenn es darum geht, am Heiligen Abend Pakete und Päckchen in geschmackvolles Weihnachtspapier zu schlagen, wenn es darum geht, den Rest der Familie in Schach zu halten, damit auch ja keiner einen voreiligen Blick auf die Geschenke werfen kann.

Ich dagegen habe es etwas einfacher: Ich schmücke den Baum! Punkt 17 Uhr begebe ich mich auf die Terrasse und hole den schönen Baum herein. Es ist wirklich ein schöner Baum, sagt die Frieda. Doch, doch, sage ich, der Baum ist schön. Dann kommt die kleine Frieda und sagt auch noch, dass der Baum schön ist. Nachdem wir alle noch ein paar Mal um den schönen Baum herumgegangen sind, sagt die Frieda: Mein Gott, es ist schon halb sechs! Und damit beginnt offiziell in allen Familien, die sich bei diesem Fest noch bürgerlicher Geheimnistuerei bedienen, der nervöse Teil der Bescherung.

Deshalb stecke ich mir vorbeugend zunächst mal eine Zigarre an, einmal im Jahr, und überlege in aller Ruhe, welche formalen Prinzipien ich diesmal zur Ausschmückung meines schönen Baumes anwende. Habe ich dann den Baum nach einigen Schnitzereien endlich mit dem Sägemesser glücklich in den Christbaumständer gezwängt, weiß ich auch schon, wie ich's mache: Diesmal werde ich endlich dem Prinzip huldigen: Je schlichter, desto vornehmer. Zwei bis drei Kugeln, vier bis fünf Kerzen, hier und da einen Silberfaden, aus! Schluss. Ende. Schließlich ist das ja ein Baum und keine Hollywoodschaukel. Das soll natürlich nicht heißen, dass wir nicht genügend Kugeln und Kerzen, Lametta und Engelhaar, Glöckchen und Trompeten hätten. Im Gegenteil. Ich könnte damit drei Bäume, pardon, drei schöne Bäume schmücken. Und schon erhebt sich die Frage: Nur bunte Kugeln oder nur silberne Kugeln? Nur weiße Kerzen oder nur rote Kerzen? Engelhaar oder kein Engelhaar? Ja, was sollen meine intellektuellen Freunde denken, wenn die zu Besuch kommen und sehen dann meinen Misch-Masch aus Sentimentalität und Kunstgewerbe. Schockschwerenot!

In diese meine präzisen ästhetischen Überlegungen hinein platzt die Frieda mit dem Ruf: Wie weit bist du? Um sechs Uhr ist Bescherung! Das schaffe ich nicht, rufe ich zurück, ich kann ja den Baum nicht übers Knie brechen. Wir haben zu Hause, sagt die Frieda, immer um sechs Uhr die Bescherung gehabt. Wir haben die Bescherung, sage ich, immer um halb acht gehabt. Wir haben sie um sechs gehabt, sagt die Frieda. Um sechs Uhr schon Bescherung, sage ich, warum dann nicht gleich schon um vier Uhr oder schon im Oktober, wir haben die Bescherung immer um halb acht gehabt, manche Leute haben ja die Bescherung erst am anderen Morgen. Und wann sollen wir essen, fragt die Frieda. Nach der Bescherung, sage ich.

Also um neun Uhr, sagt die Frieda, bis dahin bin ich ja verhungert, wer hat übrigens das Marzipan, das hier auf der Truhe lag, gegessen? Ich nicht, ruft die kleine Frieda aus der Küche. Also, sagt die Frieda, also wenn du den Baum nicht in einer Viertelstunde fertig hast, dann könnt ihr euch eure ganze Bescherung sonst wo hinstecken.

Vielleicht fängt schon mal einer an zu singen, sage ich, desto leichter geht mir der Baum von der Hand. Und alle ästhetischen Überlegungen nun über den Haufen werfend, überschütte ich den schönen Baum mit allem, was wir haben, sodass man schließlich vor lauter Glanz und Gloria keinen Baum mehr sieht und die Frieda kommt wieder rein und sagt, nun hast du's ja doch wieder so gemacht wie im vorigen Jahr, das nächste Mal schmücke ich den Baum. Ja, sage ich, wenn ihr mir keine Zeit lasst, kann natürlich kein Kunstwerk entstehen. Nun steh hier mal nicht im Weg, sagt die Frieda, und halte dumme Reden, geh jetzt hier mal raus, ich muss jetzt hier die Geschenke packen und aufbauen. Ja, wo soll ich denn hingehen, frage ich, darf ich vielleicht ins Wohnzimmer? Nein, ruft da meine Schwägerin, die inzwischen eingetrudelt ist, dass mir keiner ins Wohnzimmer kommt, ich bin noch nicht fertig. In die Küche darf ich auch nicht, da bastelt nämlich die kleine Frieda noch an diesen entzückenden Kringelschleifen für jedes Päckchen herum. Die Frieda kommt aus dem Christbaumzimmer und ruft: Augen zu!!! Ich halte mir die Augen zu und sage: Ins Bad nur über meine Leiche, da hab ich nämlich meine Geschenke versteckt. Und so geht das die ganze nächste halbe Stunde: Dreh dich mal um, guck nur nicht unter den Teppich, wer hat den Schlüssel vom Kleiderschrank, ich brauche noch geschmackvolles Weihnachtspapier, der Klebestreifen ist alle, willst du wohl von der Tür da weggehen, such lieber mal die Streichhölzer, meine Mutter hat das alles alleine gemacht, das ist gemein, du hast geguckt, die paar Minuten kannste wohl noch warten! Bis es dann endlich so weit ist, aber auch dann kommt keine Ordnung zustande, dann heißt es: Wer packt zuerst aus? Du! Nein, ich doch nicht, zuerst das Kind, dann du. Nein, du dann. Wieso ich? Also dann du und dann ich. Ich zuletzt, bitte.

Nun werden Sie vielleicht mit Recht fragen, sagen Sie mal, wird denn bei Ihnen gar nicht gesungen, wird bei Ihnen nur eingepackt und ausgepackt. Doch, doch, natürlich, wir singen auch, erste Strophe und so, aber dann fällt's meistens auseinander, aber wissen Sie, beim Einpacken und Auspacken, da sind wir alle so nervös und verlegen, dabei merkt man die Liebe und den Frieden und den Menschen ein Wohlgefallen viel, viel stärker als beim Singen.

Und auch der Baum, der kann dann sein, wie er will, groß oder klein, dürr oder dicht, bunt oder schlicht, alle sagen dann jedes Mal: Also der Baum …, also der Baum …, der Baum ist wunderschön.

Andrea Lambertz

EINE LIEBESERKLÄRUNG, DIE ICH NIE VERGESSEN WERDE

Am Heiligabend erlebte ich einen der schönsten Tage meines Lebens! Warum? An diesem Nachmittag gleich nach dem Gottesdienst, fuhren mein Freund und ich zu seiner kleinen Dachgeschosswohnung. Bei Kerzenlicht begannen wir mit der Bescherung. Er musste zuerst alle meine großen und kleinen liebevoll hergerichteten Päckchen öffnen, und ich freute mich an seinem erstaunten Gesicht über die Geschenke, die ich für ihn aufgetrieben hatte. Ich war überzeugt, dass meine Geschenkideen nicht mehr übertroffen werden konnten!

Doch dann war ich dran: Aus einem Riesenkarton zog ich eine traumhafte Winterjacke ... aber es sollte noch besser kommen! Ich öffnete ein mittelgroßes Paket und sah mich einer Menge Blumen, aus Servietten gefaltet, gegenüber. Alle hatten dieselbe Farbe – bis auf drei Blumen in der Mitte. „Nimm die drei mal raus!", forderte mein Freund mich

auf. Vorsichtig zog ich sie aus dem „Blumenmeer".
In der ersten Blume fand ich eine Walnuss! Mein
Freund reichte mir ein kleines Messer und meinte lächelnd: „Mach sie vorsichtig auf!" Als ich das
geschafft hatte, lag darin ein winziges Zettelchen
mit den Worten „Ich liebe dich!" Mir wurde warm
ums Herz. – eine Liebeserklärung hatte er mir bis
dahin nie gemacht! Auch in den anderen beiden
Serviettenblumen waren Nüsse. Als ich sie öffnete,
spürte ich einen ganzen Schwarm Schmetterlinge
in meinem Bauch: In der Nuss lag ein Ring – Ver-
lobungsringe!
Seitdem erinnert mich der Anblick von Walnüssen
immer an jenen wunderschönen Heiligabend ...

Bettina Kahl

MUSIK, DIE DAS HERZ BERÜHRT

In meiner Familie war der Heiligabend ganz besonders schön, weil wir als Geschwister zusammen Musik gemacht haben – zunächst als Blockflötenquartett. Ich habe drei Brüder: zwei ältere und einen jüngeren. Meine Eltern besaßen nicht viel Geld, aber unsere musikalische Ausbildung war ihnen so wichtig, dass meine Mutter mehrmals in der Woche mit uns in die Stadt gefahren ist, um uns den Unterricht an einer sehr guten Musikschule zu ermöglichen.

Als wir ins Teenageralter kamen, entwickelten wir mehr unterschiedliche Interessen, aber das Musizieren ging weiter, inzwischen mit Oboe, Querflöte, Geige und Klavier. Damals haben wir uns drei oder vier Jahre hintereinander die Mühe gemacht, ein paar Wochen vor Weihnachten Noten auszusuchen und zwei oder drei Stücke einzuüben – einfach, um unseren Eltern eine Freude zu bereiten und ein Zeichen dafür zu setzen, dass wir dankbar sind für die Liebe, die sie uns geschenkt haben, das

Engagement, das Geld und die Zeit, die sie in uns und unsere musikalische Ausbildung investiert haben. Und damit auch in unser Herz und unsere Seele. Es war ein schönes Miteinander mit meinen drei Brüdern – dieses gemeinsame Üben und Zittern, ob es am Heiligabend auch wirklich klappt.

Weihnachten und Musik gehören für mich zusammen. Da gibt es Lieder, die sehr fröhlich sind und bei denen es mir warm ums Herz wird. Und Weihnachten ist ein Fest der Freude, weil wir uns freuen können, dass Jesus zu uns gekommen ist! Ich kann meine Freude am besten ausdrücken, wenn ich jemanden umarme – oder wenn ich Musik mache, ganz laut oder ganz leise singe. Viele Weihnachtslieder, gerade auch ältere Choräle wie „O du fröhliche" oder „Macht hoch die Tür" vermitteln etwas von dieser Atmosphäre der Freude, die dann aufkommt, wenn das Herz glaubt, was der Mund singt.

Illustrationen

Texte